MARIANNE VOGEL KOPP

Glück 1 bis 24

Weihnachtsgeschichten der Gegenwart

TVZ

Glück 1 bis 24

Weihnachtsgeschichten der Gegenwart

Mit einer Bildergeschichte von rittiner & gomez

TVZ
Theologischer Verlag Zürich

Bibliografische Informationen der Deutschen Nationalbibliothek
Die Deutsche Nationalbibliothek verzeichnet diese Publikation in der Deutschen Nationalbibliografie; detaillierte bibliografische Daten sind im Internet über http://dnb.d-nb.de abrufbar.

Umschlaggestaltung
Mario Moths, Marl, unter Verwendung einer
Illustration von rittiner & gomez

Satz und Layout
Mario Moths, Marl

Druck
ROSCH BUCH GmbH, Scheßlitz

ISBN 978-3-290-17835-2

www.tvz-verlag.ch

INHALT

Ein richtiger Weihnachtsbaum

«Ich hätte nicht gedacht, dass unser erster grosser Streit sich ausgerechnet um den Weihnachtsbaum dreht», stösst Colette bitter hervor, «vielleicht willst du gar nicht mehr mit mir zusammenleben ... Dann sage es geradeheraus, weder durch die Blume noch durch den Christbaum!»

«Colette, bitte, beruhige dich», versucht Adrian die Stimmung wieder aufzulockern. «Ich sagte nur, wenn wir beide dieses Jahr unsere Familien an Weihnachten hier bei uns an einen Tisch bringen, dann muss ein Baum her.»

«Meine Leute werden kommen, auch wenn keine geschmückte Tanne herumsteht ...» Colette steht mit verschränkten Armen mitten in der Küche und schaltet auf stur. Seit einem halben Jahr wohnen die beiden zusammen, nicht ohne gewisse Anpassungsschwierigkeiten und Reibereien. Aber sie findet das normal, schliesslich sind beide schon über dreissig, also nicht mehr blutjung und zu jedem Zugeständnis bereit. Aber beim Thema Weihnachtsbaum hört ihre Kompromissbereitschaft auf.

Adrian schlägt eine gütliche Einigung vor: «Komm, Süsse, der Advent dauert noch lange. Wir machen eine Pro-und-Contra-Liste. Und damit wir uns nicht mehr in die Haare geraten, sondern zivilisiert Argumente austauschen, schreiben wir unsere Meinungen auf Klebe-Zettel und hängen sie an die Putzschranktür. Mal sehen, ob wir uns nicht finden bis Weihnachten.»

Colette schnaubt noch ein wenig, aber dann heisst sie Adrians Idee gut. Wenn der wüsste, wie viele Pfeile sie im Köcher hat, um seine Baumweihnacht zu torpedieren!

Kurz vor Weihnachten ist die Schranktür in Colettes und Adrians Küche im Zickzack von oben bis unten mit gelben (seine) und violetten (ihre) Post-its vollgeklebt:

(gelb) Ein geschmückter Christbaum ist doch einfach wunderschön!

> *(violett)* Sie stehen zu Tausenden herum, auf Plätzen, in Gärten, in den Kirchen – warum ausgerechnet auch noch in unserem Wohnzimmer?

Wo soll ich denn sonst deine Geschenke hinlegen? Die gehören einfach unter den Baum.

> Witzig! Überlege doch einmal, dass die Mehrzahl der Weihnachtsbäume ein brutales Industrieprodukt ist, in Monokulturen hochgepuscht und mit Pestizid vergiftet! So eine Giftschleuder willst du daheim aufstellen und gar noch schmücken?

Wenn schon ein Baum, dann einer aus der Region, einverstanden, wenn es sein muss, sogar mit Bioknospe.

> Die Dinger sind teuer!

Alternativ käme natürlich auch ein künstlicher Mehrwegbaum in Frage, der kostet nur im ersten Jahr.

> Da kann ich nur sagen: Igitt! Wo bleibt da die Sinnlichkeit?

Es gibt witzige, sogar solche, die künstlichen Schnee herunterrieseln lassen. Ihre Kerzen flackern täuschend echt und sie spielen wahlweise auch noch Weihnachtsmusik ab.

Nicht dein Ernst, oder? Wie wäre es mit einer Krippe als Alternative zum Baum? Im Weltladen gibt es hübsche Krippenfiguren aus Lateinamerika.

Du bist katholisch und darfst gern deine Krippe haben. Aber als Reformierter will ich gleich daneben meinen Baum.

Wie wäre es mit einem geschmückten Baum im Wald? Wir könnten an Heiligabend einen Spaziergang machen und eine gesunde, lebendige Tanne mit Kerzen ausrüsten.

Lass uns doch schon vorher in den Wald gehen. Ich habe von einem Revier in der Nähe gehört, in dem man seinen Baum selber wählen und schlagen darf. Du würdest dich sicher gut machen im Holzfäller-Look.

Stell dir diese jungen Bäume vor, wie sie friedlich in einer Lichtung stehen, dem Himmel entgegenstreben und vom Grosswerden träumen – und dann kommt eine Horde, fällt über sie her, sägt ihnen die Füsse ab, quetscht sie in eine Folterhalterung ...

Nein, sie flüstern sich gegenseitig zu, wie schön es ist, als geschmückter Blickfang in den Weihnachtsstuben einen wundervollen Auftritt zu haben.

Falls wir je Kinder haben sollten, ist ein Christbaum für mich selbstverständlich, das verspreche ich dir. Obwohl – wenn die noch klein sind, herumzappeln, an den Ästen rütteln, Kugeln herunterreissen ... Aber trotzdem: Meinen Kindern gönne ich einen Baum.

Und dem Kind im Manne? Dem in mir im Besonderen?

Diesem Mannskind sage ich: Der Weihnachtsbaum hat gar keine so lange Tradition. Erst in der Reformationszeit taucht er auf. Und sein Siegeszug von Deutschland aus über die ganze Welt hin begann vor nicht mehr als 150 Jahren. Und was auch noch gegen ihn spricht: Die Nazis haben ihn als urgermanisches, weit vorchristliches Brauchtum gefeiert, was aber reine Propaganda war.

Aber wir feiern doch Weihnachten und dass Gott zur Welt kommt. Bloss weil ich einen Christbaum aufstelle, bin ich noch lange kein germanophiler Neuheide.

Gut. Aber wo genau gedenkst du ihn aufzustellen? Allzu nah am Schwedenofen geht nicht, der Tisch ist unverrückbar wegen der Lampe, die Vorhänge wollen wir auch nicht gefährden …

Es gibt den Christbaum übrigens auch als Bildschirmschoner: Beim Aufstarten des PCs taucht zunächst ein Stamm auf, aus dem spriessen Äste hervor, das Grün poppt auf und schliesslich kann man aus verschiedenen Baumschmuck-Designs seine Lieblingsfarbe auswählen …

Damit hätten wir sowohl die Beschaffung wie auch die Entsorgung geklärt. Endlich ein brauchbarer Vorschlag!

Halt, halt! Das war nur eine Einlage, die dich erheitern sollte, keine Kapitulation. Noch immer gilt für mich: Ich will echte Weihnachtsgefühle haben unter einem echten Baum!

Aber im Ernst: Bedenke die Brandgefahr!

Es kommt doch sehr darauf an, wie der Baum behandelt wird. Es gibt dazu hilfreiche Pflegetipps im Internet. Er darf vor allem keinen Wärmeschock erleiden, also muss er zunächst in den Velokeller. Und dann will er noch ausreichend befeuchtet werden.

Aber kaum steht er im Wohnzimmer, wird er sich sofort in seine Lieblingsbeschäftigung hineinsteigern: Er beginnt zu nadeln und zu nadeln …

Tannengrün bleibt die Farbe der Hoffnung, gleichgültig ob am Baum oder auf dem Teppich!

Hast du dir schon Gedanken gemacht zu seinem kurzen Leben: Kaum gekauft, schon entsorgt. Ein ökologischer Unsinn!

Die Gemeinde hat doch extra eine Sammelstelle für ausgediente Christbäume eingerichtet.

Siehst du, kurz benützt und dann aus den Augen, aus dem Sinn. Subito werden die Bäume gehäckselt und kompostiert. Oder müssen sie heute bereits als Sondermüll verbrannt werden?

Also ich könnte mir auch eine Weiternutzung vorstellen: Wir könnten ihn den Winter über auf den Balkon stellen und Hirsestängel oder anderes Vogelfutter daran hängen?

Die Meisen pfeifen auf einen abgetakelten Alibibaum, die Knödel für sie kannst du ohne Umwege am Balkongeländer befestigen.

Oder ich könnte den Christbaum abästen und den Stamm als Rankhilfe für Stangenbohnen weiterverwenden …

Ein cleverer Versuch, mit einem einzigen Haken: Du hast gar keinen Garten!

Immer diese kleingedruckten Details! Übrigens ist schon der 23. und man kann bereits Christbäume zum halben Preis kaufen. Weisst du, wie viel Geld wir durch unsere Diskussion und Warterei damit bereits eingespart haben?

Das materielle Argument hatten wir schon: Am billigsten kommen wir ohne Baum weg, am zweitbilligsten mit einem künstlichen Teil, das wir alle Jahre wiederbeleben.

Oder mit einem grünen, lebendigen Baum mit allem Drum und Dran: Stamm, Zweige, Nadeln und vor allem einem grossen, starken Wurzelballen.

Aber wohin soll sich der Baum verdrücken, wenn gerade nicht Weihnachtszeit ist?

Frau Jungo im Parterre hat nichts dagegen, wenn ihr neben ihrer Terrasse ein Topfpflanzen-Christbaum den Sommer über etwas Sichtschatten spendet.

Du hast sie gefragt?

Klar!

Ein Christbaum ... ein Bäumchen ... im Topf ... doch ... sympathisch! Dazu könnte ich mich durchringen.

Ich liebe dich!

«Ihr habt einen richtigen Weihnachtsbaum. Wie schön!», ruft Adrians Mutter am Weihnachtstag aus, als sie das Wohnzimmer des jungen Paars betritt. Sie nimmt Colette beiseite und flüstert ihr zu: «Du glaubst es nicht, aber bei Adrians Vater und mir hat der erste Weihnachtsbaum beinahe eine Scheidungskrise ausgelöst. Wir waren jungverheiratet, hatten weder Geld noch Platz, und er musste unbedingt einen Baum in der Stube haben! Allen vernünftigen Gegengründen hat er sich stur verweigert!»

«Auch unser hübscher Baum hat seine Vorgeschichte», lächelt Colette, «komm in die Küche und schau dir unser Krisenmanagement an. Es hängt noch an der Schranktür.»

Der wundersame Stillstand

«Ich bin beeindruckt», staunt Xaver von der Balkonbrüstung hinab in die grosse Einkaufsetage des Zürcher Flughafens, «beeindruckt ... um nicht zu sagen: erschlagen. Diese Lichterketten! Schau nur, wie fliessender Glanzregen, ganz zart und leicht!» – «Ja, sie betreiben einen immensen Aufwand mit ihrer Weihnachtsdekoration», bestätigt Matteo und verzieht spöttisch die Mundwinkel.

Die beiden jungen Männer schauen auf die Menschenscharen hinunter, die an diesem vierten Adventssonntag das Airside Center, das Herzstück des Flughafens, bevölkern – ein Gewimmel von Fluggästen im Reisefieber. Hektisch wird dort eine Gruppe zusammengetrommelt, werden hier Gepäckstücke zu einem Haufen aufgeschichtet, machen viele scheinbar allerletzte Besorgungen, während andere bloss mit schweren Rollkoffern im Schlepptau von den unterirdischen Bahnsteigen hinauf zur nächsten Rolltreppe und Richtung Check-in eilen. Die meisten dieser Getriebenen nehmen weder den Sternenregen über sich noch das bläuliche Dämmerlicht des Nachmittags wahr, das sich geheimnisvoll auf das Glasdach herabsenkt.

«So langsam beginnt es bei mir zu kribbeln», gesteht Xaver. Matteo beugt sich über seinen länglichen Aluminiumkoffer und klappt den Deckel hoch: «Komm, du Zitteraal, hilf mir schon einmal das Stativ aufzustellen. Von hier oben haben wir den optimalen Überblick zum Filmen.» – «Ich habe keine Ahnung, ob sie angebissen haben», zweifelt Xaver und reibt sich nervös die Nase, «aber wenn, dann wird es gewaltig!»

Exakt um fünfzehn Uhr fünfzehn schmettert ein rotgekleideter Musiker, der genau unter dem grossen Kronleuchter beim breiten Treppenaufgang steht, ein Trompetensolo in die Halle: *Go, tell it on the mountain!* Wie auf Kommando werfen weitere Menschen in seinem Umkreis ihre Winterjacken und Mäntel ab, stehen in roten Pullovern oder Hemden inmitten des Gewühls still und stimmen in das Gospellied ein. Bald übertönen ihre Stimmen das Blechinstrument. Die Betriebsamkeit verebbt, die Menschenströme verlangsamen bis zum Stillstand. Erst geht ein Raunen durch die Menge, viele klauben ihr Handy hervor und filmen die ungewöhnliche Szene. Weil immer mehr Menschen in das Weihnachtslied einstimmen, schwillt der Gesang stetig an und erreicht eine Klangfülle, die jedem Dom Ehre gemacht hätte. Der Sternenglanz der Lichterketten und der Stimmenjubel verbinden sich zu einem festlich-freudigen Ganzen, schaffen einen aussergewöhnlichen Moment von grosser Dichte und Schönheit. Alle Anwesenden halten jetzt inne, der Glanz berührt ihre Gesichter, viele lächeln oder staunen mit wachen Sinnen ins Geschehen. Dann läutet eine Glocke, hell und durchdringend. Der Gesang bricht jäh ab. Die rotgekleideten Menschen wenden sich dem Nächstbesten zu und umarmen ihn so lange, bis das Gebimmel verstummt ist, danach schlüpfen sie rasch in ihre Mäntel und Jacken und gehen weiter, wie wenn nichts gewesen wäre. Zögerlich und sichtlich aufgewühlt setzen auch die übrigen Reisenden ihren Weg fort.

«Ich bin hin und weg!» Sonja tippt Matteo auf die Schultern. Als er sich umdreht, umarmt die junge Frau ihn heftig. «Du bist ein verrückter Kerl, Matteo! Dieser Flashmob war doch deine Idee, oder? Du stehst bestimmt nicht rein zufällig mit der Kamera hier oben auf dem Logenplatz?»

Matteo lacht breit: «Falsch, meine Liebe, der Urheber ist dieses Bleichgesicht hier. Darf ich dir Xaver vorstellen? Er ist eben nach anderthalb Jahren wieder nach Zürich zurückgekommen und hat sich zur Feier des Tages gleich dieses spontane Spektakel organisiert.»

Sonja begrüsst Xaver und erklärt ungefragt, sie sei Journalistin und habe vor ein paar Jahren in derselben WG gewohnt wie Matteo. «Ihr habt doch nichts dagegen, wenn ich über das hier einen kleinen Artikel herausbringe? Von genau solchen Episoden möchten die Menschen zu Weihnachten berührt werden.»

Als Matteo sein Material im Koffer verstaut hat, schlendern sie gemeinsam zur nächsten Kaffeebar. Unablässig stellt Sonja Fragen: Wie es zur Idee gekommen sei, wie und über welche Kanäle Xaver die Mitwirkenden aufgefordert habe, ob er den Sicherheitsdienst am Flughafen im Voraus benachrichtigt habe und überhaupt, was seine tiefere Motivation gewesen sei für diesen Einfall. Bereitwillig gibt Xaver Auskunft. Er spricht leise und bedächtig, wie wenn er selbst noch immer unter der Echowirkung des Geschehens stünde. «Meine ganz persönliche Motivation ... Ich war längere Zeit weg. Und dort, wo ich die letzten anderthalb Jahre lebte, da war alles irgendwie nur zweidimensional. Alles gut organisiert, geregelt, in klaren Bahnen ohne jede Abweichung. Aufstehen, arbeiten, hinlegen, schlafen, Tag für Tag. Ich hatte das dringende Bedürfnis nach etwas Spontanem, so eine Sehnsucht nach dem vollem Leben, nach aufgemunterten Menschen, eben ... nach dreidimensionalem Raum und Leuten, die sich darin ebenso dreidimensional entfalten.»

Hinter Sonjas Stirn arbeitet es sichtbar. Sie schaut Xaver prüfend an. War er vielleicht als Katastrophenhelfer aktiv oder hatte er einen Auftrag in einem Kriegsgebiet? So schmächtig, wie er wirkt, kann sie sich ihn aber kaum bei einem derartigen Einsatz vorstellen.

Xaver sieht, dass sie ihm auf die Spur zu kommen sucht. Mit einem Augenzwinkern lächelt er Sonja an: «Ich möchte interessant bleiben für dich, also lass mir noch ein paar Geheimnisse! Für deine Zeitung hast du genügend Material beisammen. *Go, tell it on the mountain,* auch im Zürcher Flughafen haben Menschen heute erfahren: *Jesus Christ is born!*»

Grübeleien vom Weihnachtsmuffel

Erleichtert stellt Timo Tschudi fest, dass nur ein einziger Umschlag in seinem Briefkasten liegt. Er schliesst die Haustüre auf und nimmt konsequent wie immer die Treppe, obwohl er im achten Stock wohnt; er gehört zu jenen, die Bequemlichkeit und Schlendrian schon im Keim ersticken. Nur ein Brief von seiner Bank – zum Glück hat er schon vor Jahren seinen Eintrag im Telefonbuch löschen lassen. Er will sich nicht ausmalen, wie viele entrüstete Leser sonst ihrem Unmut auf dem Papierweg Luft machen würden. Ihm reicht es, wenn sie ihre spontanen Kommentare auf dem Onlineportal der Zeitung deponieren.

Mit einem kühlen Bier und seinem iPad lässt Timo sich wenig später in der Sitzecke seiner kleinen, funktionalen Wohnung nieder. Er ruft die Website seiner Zeitung auf und tippt da auf die jüngste Folge der «Grübeleien vom Weihnachtsmuffel». Das kleine Bild, auf dem er mit wallendem Klebebart unter schiefsitzender Samichlausmütze in die Kamera lächelt, entlockt ihm jedes Mal ein Grinsen. Kurz überfliegt er seinen eigenen Text und stöbert dann amüsiert durch die neusten Reaktionen darauf. Viele erhobene oder gesenkte Daumen begleiten die Meinungsäusserungen seiner Leser. Er sticht mit seinen Weihnachtsgedanken offensichtlich in ein täglich wachsendes Wespennest. Gut so, das war beabsichtigt. Als bei einer Redaktionssitzung im Oktober offen in die

Runde gefragt wurde, wer sich vorstellen könnte, im Advent täglich etwas zum Thema Weihnachten zu schreiben, durchaus auch kritisch und scharfzüngig, da fühlte Timo mehrere Augenpaare auf sich gerichtet. Als der neue Chefredaktor daraufhin fragend zu ihm blickte, gestand er mit abschätziger Miene, er sei eben bekannt als Weihnachtsmuffel. Andere seien in dieser Zeit munter und fröhlich, aber ihn führe der ganze Rummel je länger desto mehr ins Grübeln. «Grübeleien vom Weihnachtsmuffel», strahlte sein Chef, «der träfe Titel für eine attraktive Serie!» Das war die Geburtsstunde seiner täglichen Betrachtungen.

In der heutigen Ausgabe rechnet Timo mit der Familie ab, mit dieser so scheinheilig zelebrierten Urzelle der Zusammengehörigkeit. Dazu hat er den Lesern nackte Zahlen aufgetischt zu den innerfamiliären Leidensgeschichten, die häusliche Gewalt, Nötigung, Missbrauch und Verwahrlosung ohne Ende beinhalten. Wie wenn sich durch die biologischen Bande zwischen Eltern und Kindern von selbst Verbundenheit und Liebe einstellten! Aber an Weihnachten wird die heile Familie inszeniert. Man tut so, als ob man wichtig füreinander wäre, man schenkt sich Zeit und Aufmerksamkeit und führt in ewiggleicher Regie das ewiggleich verlogene Theaterstück zusammen auf. Seine heutige Kolumne hat von Leserseite mehr Zustimmung als Widerspruch erhalten. Ganz viele verwundete Menschen hat offenbar seine öffentliche Empörung dazu verleitet, sich eine Episode ihres eigenen Familienschmerzes von der Seele zu schreiben.

Nicht alle seine Provokationen lösen solch emotionalen Tiefgang aus. Gestern hat er sich eher launig über den Lebkuchenhaus-Terror ausgelassen: Kaum eine Ecke von Zürich sei noch frei von Christkindlmarkt-Atmosphäre und Glühwein-Schwaden. Immerhin hat eine Leserin dazu eine kluge Antwort gepostet. Sie komme eben aus den USA zurück, wo das Weihnachtsmarketing nicht einmal mehr kitschig, sondern einfach nur noch aggressiv sei. Die Lebkuchenromantik in den weihnächtlichen Städten hierzulande empfinde sie direkt als anheimelnd und gemütlich.

Timos Text für morgen liegt erst als Skizze vor. Er muss sich dahinterknien, bevor ihn das zweite Bier, das er sich eben gönnt, schläfrig macht. Er wird über das Schenken lästern. Er hält es für ein soziales Balancespiel, für ein abgekartetes Geben und Nehmen, bei dem jeder am Schluss den anderen doch noch übervorteilen will. Timo kann sich nicht erinnern, wann er zum letzten Mal etwas wirklich Passendes geschenkt erhalten hat, das ihn aufrichtig freute. Beleidigende, langweilige oder gar moralinsäuerliche Geschenke kommen ihm zuhauf in den Sinn. Eigentlich wäre Schenken ja etwas Schönes, aber weil ihm der Zwang zum Übertrumpfen oder zum Beschämen innewohnt, ist es zu einem materialistischen Ritual verkommen, das schlicht abgeschafft gehört.

Auf der Suche nach etwas Essbarem stösst Timo auf den Lebkuchen mit Winterdekor – Lebkuchen, ausgerechnet! –, den ihm die ach-so-liebenswürdig-harmonische Lifestyle-Kollegin Britta gestern überbringen liess. Sie hat die bitterböse Notiz daran geheftet, ob es eigentlich heutzutage keine Sanktionen mehr gebe für so vereinsamte, pathetisch die Welt beklagende Weihnachtsmuffel wie ihn. Timo reisst die Hülle des Gebäcks auf und beisst hinein, immerhin hat Britta sich nicht lumpen lassen und eine marzipangefüllte Variante gewählt. Er darf ihr nicht böse sein für ihre harsche Reaktion, schliesslich hat er öffentlich die Tipps lächerlich gemacht, die sie in ihrer Kolumne «Wie Sie ohne Streit durch die Festtage kommen» auflistete. Er kräuselt spöttisch die Lippen.

Drei Tage vor Weihnachten findet Timo auf seinem Schreibtisch einen Zettel vor: «Bitte möglichst bald bei Timo Tschudi in Höngg vorbeischauen. Treffen wichtig» und darunter eine Telefonnummer. Timo stutzt. Er weiss, dass er in der Stadt einen Namensvetter hat. Ein paar Mal hat dieser schon über die Redaktionsadresse Nachrichten an ihn weitergeleitet, die fälschlicherweise in Höngg eintrafen, obwohl der Timo dort nicht der bekannte Journalist, sondern nur der Schulhausabwart ist. Sicher ist wieder eine dieser Verwechslungen passiert. Aber weshalb bittet er ihn diesmal um einen Besuch? Timos Neugier ist geweckt, aber er zähmt sie und will erst gegen Abend zurückrufen.

Es schneit dicht in ganz kleinen Flocken. Timo friert und ärgert sich über seine profillosen Schuhe, mit denen er in Höngg nur mühsam die Quartierstrasse am Hang hochkommt. Der Abwart-Timo hat ihn am Telefon gebeten, doch gleich heute Abend vorbeizuschauen. Eigentlich ärgert er sich weniger über seine Schuhe als über sich selbst, dass er sich einfach so hat herbeizitieren lassen. Aber nun bringen wir es rasch hinter uns, redet er sich selbst gut zu. Die Beleuchtung des Quartiers ist schummerig, alle Lampen liegen unter einer Schneehaube. Timo hat kein Auge für die verwunschene Stimmung, er muss den richtigen Hauseingang finden. Als er den Klingelknopf drückt, knurrt er in den Mantelkragen: «Wehe, wenn ich mir die Füsse für nichts und wieder nichts abgefroren habe.»

Ein aufgeweckter Junge mit neugierigen Augen öffnet die Tür, gleich hinter ihm kommt sein Vater angelaufen. Das ist er also, dieser andere Timo Tschudi, etwas jünger als er, ein sportlicher Typ. «Ich bin ...», weiter kommt er nicht.

«Ich auch», lacht der Familienvater und streckt ihm seine Hand entgegen: «Ich würde vorschlagen, wir duzen uns, so unter Namensbrüdern ...» Der Zeitungs-Timo ist überrumpelt vom unkomplizierten Empfang und lässt sich ohne Gegenwehr ins Haus bitten.

Bevor er sich versieht, sitzt er auch schon am Tisch und erhält von Gisela, der Frau des Hauses, einen Teller Gerstensuppe vorgesetzt. «Sie sehen aus, wie wenn Sie etwas Warmes vertragen könnten.»

Timo taut auf in dieser ungezwungenen Atmosphäre, er nimmt die vielen kreativen Sterne wahr, mit denen das Wohnzimmer geschmückt ist, den Adventskalender am Fensterbrett, an dem nur noch drei Päckchen baumeln, die beiden Kinder, die am Boden kauern und «Vier gewinnt» spielen, eine Krippe mit vielen Tieren und mittendrin einer Laterne, die milden Kerzenschein auf die Holzfiguren wirft.

Gisela ist seinem Blick gefolgt: «Natürlich haben wir einen Grund, weshalb wir Sie hergebeten haben, aber ich habe zu Timo, also zu meinem Timo ...», sie stockt kurz, «ich habe zu ihm gesagt: Vielleicht tut es ihm gut, wenn er zu uns kommt, in unser Haus, wo der Advent und dann auch Weihnachten eine besonders schöne Zeit ist. Sie haben bestimmt keine Kerzen angezündet, keine Sterne aufgehängt, keine Krippe aufgestellt, keine Geschenke oder Adventskalender gebastelt oder Guetzli gebacken. Sie haben wohl auch keine Kinder und keine Kirche, die ihnen etwas bedeutet ... Verstehen Sie mich bitte recht, ich will Sie damit nicht angreifen. Aber ich zeige Ihnen gern, dass es Menschen gibt, denen das alles viel bedeutet und die Freude haben an der Weihnachtszeit ...», Gisela kriegt ganz rote Backen, «und die Frieden finden.»

Ihr Mann weiss nicht recht, wie diese Predigt beim anderen Timo angekommen ist, und versucht die eingetretene Stille mit einem Lachen zu entschärfen: «Du darfst natürlich gern ein Weihnachtsmuffel bleiben. Mittlerweile bist du als solcher schon so berühmt, dass du dieses Image gar nie mehr loswirst.»

Dann steht der Abwart-Timo auf und holt ein grosses Servierbrett, das er vor den Zeitungs-Timo hinstellt. Es ist voll von kleinen Geschenken und Briefumschlägen. Auf den fragenden Blick des Überraschten erklärt er, all diese Gaben seien bei ihm gelandet, alle von besorgten Leserinnen und Lesern, die ihn von seinen Grübeleien erlösen wollten. Nun scharen sich auch die Kinder mit unverhohlener Neugier um den Tisch. Zeitungs-Timo realisiert, dass ihm in dieser gespannten Lage nichts anderes übrig bleibt, als die Päckchen umgehend zu öffnen. Honig kommt zum Vorschein, Lebkuchen, Konfitüre und weitere Süssigkeiten gegen seine Weihnachtsverbitterung, ein Fieberthermometer, ein Bausatz für einen Minitannenbaum, eine Schneekugel, ein Spiegel mit aufgemaltem Smiley. Nach der ersten Verblüffung lachen alle Tschudis herzhaft über diese Bescherung.

Als Timo seinen Gast nach einem Espresso zur Tür begleitet, stutzt dieser plötzlich: «Du willst doch nicht behaupten, dass bei dir nur nette Menschen ebenso nette Geschenke vorbeigebracht haben, oder?»

Timo hilf dem Journalisten in den Mantel und zeigt durch die offene Haustüre auf den halbvollen Kehrichtsack neben dem Veloständer: «Dachte ich's mir, du bist ein schlauer Bursche, Timo Tschudi! Sei mir nicht böse, aber die Muffel-Hasser-Post habe ich vorsorglich schon einmal aussortiert.»

Engelshaar

Linda steht fröstelnd an der Haltestelle, längst ist der Bus überfällig, der sie zum Bahnhof bringen sollte. Sie studiert nochmals den Fahrplan im Unterstand und realisiert erst jetzt, dass der Taktfahrplan am Nachmittag eine Lücke aufweist. Eine halbe Stunde mag Linda nicht an der Kälte warten, spontan entschliesst sie sich zu einem Abstecher in die nahe Kirche.

Im Foyer schält sie sich aus dem Mantel und hängt ihn über den Rollkoffer. Weil sie Stimmen hört, stösst sie die Flügeltür zum Kirchenraum ganz behutsam auf. Schulkinder proben ein Krippenspiel. Linda will nicht stören, sie setzt sich in die hinterste Bank und streift die Mütze ab. Mit den Fingern greift sie sich ins lange blonde Haar und schüttelt befreit ihre Mähne, bei der Arbeit darf sie ihr Haar nicht offen tragen.

Auf einem Podium neben dem Klavier singen die Unterstufenkinder *Drüü Ängeli flüüge dür d Nacht so wyt.* Die reinen Stimmen entlocken Linda ein Lächeln. Diese Dorfkinder dürfen noch so richtig Kind sein, denkt sie, kein Vergleich zu den noblen Gästen, die sie im luxuriösen «Waldhof» zu verwöhnen hat.

Linda arbeitet die erste Saison als Gästebetreuerin im Wellnessbereich des Hotels. Nach einem Sprachaufenthalt in London wollte sie nicht direkt zurück in den Pflegeberuf und schaute sich nach einer neuen Herausforderung um. Im

Spa vom «Waldhof» darf sie nun Gäste beraten und in die verschiedenen Wohlfühl-Angebote einweisen, daneben ist sie für die Kräuter-Körperpackungen zuständig und übernimmt zwischendurch auch Massagen. Das Arbeitsklima ist weniger hektisch als im Akutbereich des Spitals, aber Linda sehnt sich je länger desto mehr nach ihrer ursprünglichen Tätigkeit zurück. Kranke Menschen auf ihrem Genesungsweg zu begleiten, erscheint ihr notwendig und sinnvoll. Die Ansprüche weitgereister, verwöhnter Gäste zu befriedigen und mit stets charmantem Lächeln all ihre Extrawünsche zu erfüllen, widerstrebt ihr zunehmend. Aber eben, sie hat sich für eine Saison verpflichtet und wird sie auch durchstehen. Jetzt will sie vor der Festzeit ihre vier freien Tage geniessen, über Weihnachten und Neujahr muss sie dann durchgehend arbeiten, das Haus ist voll belegt, alle wollen sich entspannen und umsorgt werden.

Linda spürt, wie jemand über ihr Haar streichelt, das über die Rückenlehne herabhängt. Mit einem verwunderten Blick wendet sie sich dem Mädchen zu, das leise hinter sie getreten ist. «Ich kann dich sehen», sagt das bleiche Kind. – «Ich sehe dich auch», bestätigt Linda. Es bleibt eine Weile still zwischen den beiden. «Meine Mama hat gesagt: Engel kann man nicht sehen. Oder nur ganz selten, nur dann, wenn man sie wirklich braucht.» – «Wie heisst du denn?», will Linda wissen. – «Nora.» – «Ich heisse Linda. Ich habe euch beim Üben zugehört. Ihr könnt wunderbar singen!» – «Du singst sicher noch viel, viel schöner, Himmelsmusik», flüstert Nora. Linda schätzt das Mädchen als Zweitklässlerin ein. Glauben die in diesem Alter wirklich noch an Engel? «Brauchst du denn jetzt einen Engel?», will sie wissen. – Nora nickt stumm. In ihrem Blick liegt ein trauriges Flehen, dem Linda sich nicht entziehen kann. Das Mädchen fordert sie auf: «Bitte, komm mit mir nach Hause. Mama ist krank und Nevio auch.» – «Darfst du denn schon weg?» – «Die Lehrerin hat gesagt, nur die in den Kostümen müssen noch bleiben.»

Linda schaut auf die Uhr, es ist kurz vor vier. Sie muss sich beeilen, wenn sie ihren Bus noch erwischen will. Aber als sie aufsteht, greift Nora so selbstverständlich nach ihrer Hand, dass Linda nach kurzem innerem Widerstreit beschliesst, das Mädchen zu begleiten.

Beim Anblick von Lindas Koffer fragt Nora verwundert, wozu denn Engel einen Koffer brauchten. Auf dem Weg aber bleibt sie einsilbig. Über die Krankheit von Mutter und Bruder erfährt Linda nur, dass beide ganz schlimm Fieber haben. Zum Verbleib des Vaters gefragt, weicht die Kleine aus, der mache eine lange Reise. Sie zuckt mit den Schultern, als Linda wissen will, wann genau er denn zurückkomme.

«Dort wohnen wir.» Nora zeigt auf ein Haus mit kleinen, blinden Schaufenstern. Vor langer Zeit wurde da einmal ein Ladengeschäft betrieben, jetzt wohnen Nora und ihre Familie darin. Als das Mädchen die schwere Ladentür öffnet, realisiert Linda mit einem Blick, dass hier tatsächlich ein Engel nötig ist, und obendrein erst noch einer mit praktischem Sinn, einer, der zupacken kann. Der bin ich jetzt, geht sie innerlich in Bereitschaft.

Die Wohnung ist alt und ärmlich, von der Strasse tritt man gleich in die Wohnküche. Nora macht Licht, eine vergilbte Lampe erhellt ein grosses Chaos: Gebrauchtes Geschirr auf dem Tisch, Kochresten auf dem Herd, zwei Körbe mit schmutziger Wäsche unter dem Tisch, einer dient einer mageren Katze als Bett. Der schmale Durchgang zu den hinteren Zimmern wird von einem Kinderwagen mit zerschlissenem Verdeck verstellt. Es riecht muffig und aus der kleinen Dusche gar nach Schimmel. Im Schlafzimmer sind die Vorhänge zugezogen, eine schwache Nachttischlampe lässt Linda ein zerknülltes, breites Bett ausmachen, in dem eine junge Frau mit verschwitztem Haar neben einem Säugling liegt. Nora geht voraus und kniet sich neben ihre Mutter hin: «Mama, ich habe dir einen Engel mitgebracht.» Die Angesprochene öffnet die Augen. Linda realisiert, dass sie zu schwach ist, um über ihre Tochter verwundert oder gar aufgebracht zu sein. Sie tritt ans Bett, stellt sich vor und greift mit professioneller Geste nach dem Handgelenk der Kranken. Dieses ist heiss, der Puls rast. «Haben Sie Schmerzen?» Sie erhält vorerst keine Antwort, weil ein Hustenanfall die junge Mutter schüttelt. Der verfärbte Auswurf auf dem Ärmel des Nachthemds lässt nichts Gutes ahnen. «Ich habe keine Kraft mehr», stösst die Liegende schliesslich mühsam hervor, «bitte helfen Sie meinem Baby!»

Nora kommt herein, sie hat in der Zwischenzeit eine Milchflasche warm gemacht. «Nevio will kaum noch etwas trinken. Kannst du es versuchen?», bittet sie Linda. Diese geht um das Bett herum, deckt den Säugling auf und erschrickt, als sie ihn auf den Arm nimmt. Der Kleine ist völlig apathisch, blinzelt aus fiebrigen Äuglein und atmet schwer. Auf den Gummisauger der Flasche reagiert er nicht. Sanft bettet Linda ihn aufs Kissen zurück und richtet sich auf. In ihrem Kopf überschlagen sich die Gedanken. Entschieden nimmt sie das Handy aus der Tasche und wählt die Nummer des Sanitätsnotrufs. «Eine Mutter und ihr dehydrierter Säugling, total geschwächt, Verdacht auf Lungenentzündung», gibt Linda durch. Die Einsatzzentrale nimmt die Adresse auf und verspricht, in knapp einer halben Stunde vor Ort zu sein.

«Warum haben Sie denn so lange gewartet?», fragt Linda die kranke Frau. «Aus Angst, man nimmt mir die Kinder weg. Die Frau vom Sozialdienst ist so streng.» – «Wann kommt denn Ihr Mann zurück?» Die Frau schaut Linda zuerst verständnislos an, vergewissert sich dann, dass Nora nicht mithört und flüstert bitter: «Er ging schon vor Nevios Geburt zurück nach Brasilien. Er hat dort bereits eine neue Familie …» – Linda versteht. «Jetzt brauchen Sie erst einmal medizinische Hilfe», sagt sie mit beschwichtigender Stimme. Sie ruft Nora herbei und fordert sie freundlich auf, mit ihr zusammen für Mama und Nevio alles Nötige für einen Spitalaufenthalt zu packen.

Als der Rettungsdienst Mutter und Kind versorgt hat und mit ihnen zur weiteren Behandlung mit der Ambulanz ins Regionalspital weggefahren ist, beraten Linda und Nora in der Küche, was sich mit dem spärlichen Kühlschrankinhalt zubereiten liesse. Beide verspüren grossen Hunger. Linda hat sich bereits bei ihren Eltern abgemeldet. Sie will wenigstens die ersten zwei Tage bei Nora bleiben, bis die Schulweihnacht vorüber ist. Und wenn sie erst am nächsten Tag mit dem Sozialamt Kontakt aufnimmt, ist das noch früh genug.

Später lüftet sie das Schlafzimmer gründlich und wechselt die Bettwäsche. Als Nora schliesslich im breiten Bett liegt, seufzt sie: «Ich bin so froh, Linda, dass du da bist. Ich hatte solche Angst.»

Am 24. Dezember wird Linda in der Personalgarderobe des «Waldhofs» von ihrer Kollegin mit einem müden Lächeln begrüsst: «Mein vorgeholtes Weihnachtsfest war stressig, drei Partys in Folge mit Familie und Freunden. Da lob ich mir unsere Wellnesszone. Hoffentlich kann ich hier die nächsten Tage eine ruhigere Kugel schieben. Und du, hast wenigstens du dich gut erholt?» – «Wunderbar», gibt Linda zurück, «ich habe eine Familie gerettet, geputzt, gewaschen, gekocht, einen Krankenbesuch gemacht, die Schulweihnachtsfeier miterlebt. Ich war fast pausenlos im Einsatz. Und dabei eigentlich pausenlos glücklich.» – «Das hört sich nach Mutterersatz an.» Linda nickt. Ihre Kollegin fährt leise, fast verschwörerisch fort: «Dann bist du genau im richtigen Schwung für deine nächste Klientin. Die griesgrämige Madame Braque ist bei dir eingeschrieben. Packe ihr doch etwas von deinem Glück in ihren Entspannungswickel!»

Heilige Winzlingmenschen

Ernst kniet sich auf den Estrichboden hin und stöhnt, seine alten Gelenke schmerzen. Sorgfältig löst er die Klebestreifen und schält die alte Modelllandschaft aus der Plastikhülle. Er schaut lange auf sein Werk, lässt den Blick von der Flusssenke über die Weiden gleiten, betrachtet den zerklüfteten Bergkamm, der ihm sehr naturalistisch gelungen ist, den Wasserfall, die Waldpartien an den Hängen. Für einen leidenschaftlichen Eisenbahner und Modellbauer wie ihn war es ein Leichtes, auf einem Podest von gut einem Quadratmeter diese Miniaturwelt zu bauen. Wie lange ist das her? Das müssen gut und gern fünfundzwanzig Jahre sein. Ihre Sammlung von provenzalischen Krippenfiguren war damals bereits stattlich, so dass Lina sich eine derartige Landschaft gewünscht hat. Seither baute er sie jeden Advent in der freien Ecke des Wohnzimmers auf und Lina gestaltete mit den Figuren Gruppenszenen darin. Alle Jahre wieder, bis Lina im Vorjahr unerwartet schnell an einem bösartigen Hirntumor verstarb. Seine liebe Lina, wie sehr er sie immer noch vermisst! Ernst schiebt den Plastikschutz sorgfältig unter den Sockel zurück. Nein, wie letztes Jahr schon bleibt die nachgebaute Provence-Landschaft auch diese Weihnacht im Winterschlaf. Ernst greift nach dem grossen Karton mit den Tonfiguren, sie hingegen dürfen ans Licht.

Er trägt die Schachtel ins Wohnzimmer hinunter. Dort wickelt er jede der kleinen Persönlichkeiten sorgfältig aus dem

Seidenpapier und stellt sie auf dem Esstisch auf. Ausgerechnet Van Gogh erwischt er zuerst. Die Figur mit dem wuchtig roten Bart ist mit Pinsel und Farbpalette ausgestattet. Ernst erinnert sich noch gut: Den haben Lina und er in Saint-Rémy erstanden, als sie das ehemalige Kloster und spätere Hospital besuchten, in dem Vincent van Gogh einst kreativer Patient war. Als nächstes folgt eine lachende Frau voller Lebenslust, auch sie kaum mehr als acht Zentimeter gross. Sie hält ihre Röcke gerafft und stampft barfuss Trauben in einem Kübel. Ernst schliesst die Augen, unmittelbar ist jener Herbst wieder da, in dem er und Lina um die Dentelles de Montmirail gewandert sind und in Gigondas spontan eine Winzerfamilie bei der Traubenlese in ihrem steilen Rebberg unterstützt haben.

Immer wieder die Provence. Ernst lehnt sich erinnerungsschwer zurück. Freunde besassen in L'Isle-sur-la-Sorgue ein Häuschen, direkt am Fluss. Anfänglich verbrachten er und Lina mit den beiden Kindern eine Woche der Sommer- oder Herbstferien in diesem Logis, später, nach der Pensionierung, richtete er sich mit seiner Frau manchmal wochenlang dort ein, wenn niemand sonst Bedarf anmeldete. Es wurde ihnen nie langweilig. Zu Fuss erkundeten sie die Täler und Gebirgszüge, die Städtchen und kulturellen Anziehungspunkte, bis sie sich in der Region fast so vertraut bewegten wie Einheimische. Und eben, die Santons, diese bunt bemalten Krippenfiguren, sind ihre kleine Leidenschaft geworden. Viele Manufakturen haben er und Lina persönlich aufgesucht, immer aufs Neue fasziniert von dieser Winzlingmenschen-Kunst.

Immer mehr Figuren bevölkern den Tisch. Inzwischen ist auch die Heilige Familie zum Vorschein gekommen mit einem strampelnden Jesus im Strohbett. Aber auch ein Fischer steht da mit einem langen Netz über den Schultern, in dem sich ein paar Seesterne verfangen haben – die Camargue lässt grüssen. Daneben schwingt ein Musikant stolz die Drehleier vor seinem Bauch. Ein Bäcker in weisser Schürze bietet auf der Brotschaufel eine verlockend aussehende Pizza an. Eine Frau mit Kopftuch versucht vergebens einen gewaltigen Kürbis vom Boden aufzuheben, während eine andere ihre Arme um eine grosse Garbe Lavendelblüten schlingt. Mit dem alten Mann, der auf einer Gartenbank ein Nickerchen macht, hat Lina ihn oft geneckt, denn sobald sie im Süden ankamen, stellte er seine innere Zeituhr flugs um und behauptete, er brauche nach dem Mittagessen unbedingt eine Siesta.

Noch immer birgt die Schachtel Figuren. Eine ganze Schar Engel ist jetzt an der Reihe, manche von ihnen haben feingefiederte Flügel, über einigen schwebt ein Heiligenschein. Und hier, Renates Lieblingsfigur: Zwei junge Frauen, die sich um die Taille halten, beide tragen einen weiss gewickelten Säugling auf dem Arm. Seine Tochter hat schon als Mädchen behauptet, diese Babys hiessen beide Jesus. Ernst seufzt: Ach Lina, das hat sie von dir mitbekommen. Könnte ich doch auch so schlicht und unverkrampft glauben wie du. Du hast diese Santons doch deswegen geliebt, weil sie so wunderbar dein Gottvertrauen ausdrücken. Du hast Weihnachten nicht auf einen einzigen Tag im Jahr beschränkt gesehen. Weihnachten war für dich immer und überall, schloss das ganze Leben mit ein, alle Menschen mitsamt ihren gewöhnlichsten Beschäftigungen – eben wie bei diesen provenzalischen Krippenfiguren. In jedem einzelnen Menschen kommt Gott zur Welt, hast du in einer Selbstverständlichkeit behauptet, wir alle seien letztlich eine Krippe für die Gottesgeburt.

Ein dreimaliges Klingeln der Hausglocke reisst Ernst aus seinen Gedanken, es ist das Signal von Renate. Sie bringt Luca vorbei, ihren Sechsjährigen, der ab und zu beim Grossvater übernachten darf. Ernst ist noch nicht bei der Wohnzimmertür angelangt, schon hängt sich der Junge an ihn.

Renate ist aus den Schuhen geschlüpft, aber nicht aus dem Mantel. Sie umarmt ihren Vater. «Ich bin dann gleich wieder weg, Papa.» Ihr Blick fällt auf den Esstisch: «Ach, was sehe ich da, du hast die kleinen Heiligen ausgepackt!» Sie schaut ihren Vater prüfend an und flüstert ihm zu: «Erträgst du denn die ganzen Erinnerungen?»

«Der Schmerz hat seine Süsse, es geht schon», beruhigt er sie.

«An der Krippenaufstellung musst du aber noch etwas arbeiten», lächelt Renate, «ich bin sicher, Luca hilft dir gern dabei.»

Ernst verabschiedet sie und als er sich wieder dem Tisch zuwendet, kniet Luca dort bereits auf einem Stuhl und begutachtet kritisch die Ansammlung der bunten Figuren. «Warum hat Mama gesagt, die Aufstellung sei noch nicht fertig?»

«Gefällt sie dir denn so, wie sie ist?», fragt der Grossvater zurück. «Ich habe die Krippenfiguren nicht mit Absicht so aufgestellt ... Aber sie stehen wirklich gar nicht so übel da.» Erst jetzt nimmt Ernst wahr, dass er Maria, Josef und das Kind samt Stalltieren ruhend in die Mitte gesetzt hat. Um sie herum stehen die Engel in dichtem Kreis, und die übrigen Menschen bilden einen weiteren Kreis um sie herum, es sieht aus, wie wenn sie sich bei den Händen hielten.

«Das ist schön», nickt Luca zufrieden, «an Weihnachten sind alle eine grosse Familie.»

«Das stimmt ... nur dieser geschlossene Kreis von Engeln stört mich noch, sie versperren den Menschen aussen herum doch vollständig den Blick aufs Jesuskind.»

«Sicher nicht, Grossvater», tadelt der Kleine, «die Engel sind aus Licht. Die sind doch durchsichtig!»

Ernst umarmt den Jungen, taucht sein Gesicht zärtlich ins Kinderhaar und denkt bei sich: Lina, hast du ihm das zugeflüstert? Oder haben Kinder einfach noch den Durchblick?

Glück 1 bis 24

«So kann das nicht weitergehn», sagt Livia laut und bestimmt von der Essecke her in ihre kleine Wohnung hinaus, «ich habe endlich auch ein Recht darauf, glücklich zu sein!» Sie schneidet vom Weihnachtsstollen auf dem Tisch eine weitere Scheibe ab, schmiert Butter darauf und steckt sie sich gedankenverloren in den Mund. «Es kann doch nicht sein, dass das ganze Glück an Claudia hängen geblieben ist und für mich nun nichts mehr übrig bleibt!»

Livia hat den ersten Adventssonntag bei ihrer Schwester verbracht. Claudia ist nur drei Jahre älter als sie, aber sie hat schon alles, was eine Frau zum Leben braucht. Oder zumindest, was Livia sich darunter vorstellt und sich dringend wünscht: einen Ehemann, zwei süsse Kinder, eine tolle Wohnung. Gewiss ist Claudia sehr ausgefüllt mit all den Aufgaben, sie hilft ja auch noch im Schuhgeschäft ihres Mannes mit. Das registriert Livia schon. Deshalb hat sie den ganzen Sonntag bei Claudias Familie verbracht, mit ihrer Patentochter gespielt, das Essen weitgehend allein zubereitet und beim adventlichen Schmücken der Wohnung mitgeholfen. Livia spürt, wie sehr solche Unterstützung bei Claudia willkommen ist. Aber ihr selbst schenkt es nur halbe Befriedigung.

Nun sitzt sie wieder hier in ihrem schäbigen Studio. Adventsschmuck? Kein Thema! Ohne glänzende Kinderaugen ist das doch reiner Selbstbetrug, keinen Deut fröhlicher würde es sie machen. Und was sollte es überhaupt, wenn sie jeweils erst nach Mitternacht aus dem «Sternen» heimkommt und meist total erschöpft sogleich ins Bett sinkt? Sie hätte nicht einmal Musse, die Dekoration zu geniessen.

Livia ist Köchin, sie arbeitet in einem grossen Familienbetrieb. Als die Patronin vor zwei Jahren Witwe wurde, hat sie die Leitung ihren zwei Söhnen übertragen. Die Chefs sind sehr aufmerksam und nett, aber ewig wird Livia dort nicht bleiben. Ihr schwebt eine Ausbildung zur Patissière vor, dann hätte sie wenigstens normale Arbeitszeiten, könnte abends in den Ausgang gehen und würde dort endlich den Mann fürs Leben finden … «Nein, so kann das wirklich nicht weitergehen», bekräftigt Livia, «ich habe doch auch ein Recht darauf, glücklich zu sein!»

Livia schlägt in ihrer Taschenagenda nach, wie ihr Arbeitsplan in der kommenden Woche aussieht. Fünf Arbeitstage, am Samstag frei, dafür am zweiten Advent bereits wieder Dienst. Missmutig blättert sie durch die Dezembertage, bis ein Einfall sie aufhorchen lässt. Das hat sie noch nie gemacht, sich selbst einen Adventskalender hergestellt … Ohne gross nachzudenken schreibt sie mit einem roten Stift über die Seite vom 1. Dezember GLÜCK 1, über die nächste GLÜCK 2 und immer so fort. Sie ist fest gewillt, 24 Mal Glück zu erleben bis Heiligabend. Jeder Tag soll ihr ein grösseres oder kleineres in den Schoss legen. Immer beim ersten Kaffee am Morgen will sie in den Kalender notieren, in welcher Form es sich am Vortag gezeigt hat. Jetzt fällt Livia wieder ein, dass sie jüngst in einer Radiosendung etwas Ähnliches gehört hat. Es ging um Dankbarkeit und darum, jeden Tag drei Dinge zu finden, für die man dankbar sein kann. Irgendein Lebensberater hat behauptet, mit dieser Übung lebten die Menschen viel achtsamer und zufriedener. Ein wenig getröstet verzieht sich Livia ins Bad. Glück 1 bis 24, ganz unbescheiden – sie lächelt unter der Dusche.

Was für ein verrückter Tag! Livia lässt sich in den Sessel plumpsen und kickt die Schuhe von den Füssen. Um sich ein Glas Rotwein einzuschenken und etwas Essbares in die Nähe zu holen, rappelt sie sich nochmals auf. Bei dieser Gelegenheit zündet sie die vier Kerzen auf dem Gesteck an, das sie erst vor ein paar Tagen billig erstanden hat. Sie zieht die Beine hoch und blättert in der Agenda zum heutigen Tag. ‹Frei› steht quer über die ganze Seite hin und obendrüber rot und leuchtend: GLÜCK 23. Jetzt ist es Livia egal, dass sie seit einer Woche mit den Glückseinträgen aufgehört hat, von GLÜCK 16 bis GLÜCK 22 also eine Lücke gähnt und dass auch vorher nichts wirklich Erfreuliches bei diesem Glücksergattern herausgekommen ist. Jetzt ist GLÜCK 23 an der Reihe und das fühlt sich wirklich gut an, wirklich gelungen.

Livia lässt die Ereignisse des Tages nochmals vor ihrem inneren Auge vorüberziehen. Da war zunächst das Glück, dass sie zur rechten Zeit am rechten Ort war. Sie hatte gestern ihr Handy in der Angestellten-Garderobe vom «Sternen» liegenlassen und wollte es am Mittag holen gehen, es sind ja nur ein paar Fussminuten bis dort. Gerade als sie ankam, wurde die Mutter der Chefs von Rettungssanitätern auf einer Bahre zum blau blinkenden Wagen gerollt. Die alte Frau ergriff ihre Hand, als Livia nahe genug war. Und der ältere ihrer Söhne, selbst auch bleich und in voller Küchenmontur, sagte nur noch: «Livia, du bist genau der Engel, den wir jetzt brauchen. Mein Bruder ist ohne Handy unterwegs, ich kann ihn nicht erreichen und hier kann ich schlicht nicht weg. Bitte begleite doch du Annelies in die Notaufnahme. Ich komme so schnell wie möglich nach.» Ohne gross zu überlegen, stieg sie mit ein. Seltsam zu sagen, aber diese Fahrt empfand sie als ein weiteres Glück. Annelies wurde ruhig und kompetent versorgt und später erklärte der Sanitäter Livia leise, was auf dem EKG-Monitor abzulesen war. Sie spürte die Erleichterung von Annelies über die Hilfe, die sie bekam … Ja, es war einfach eine ganz besondere Fahrt, eine vorsichtige, nur mit Blaulicht, aber ohne Sirene, ohne jede Hektik. Livia hatte das Gefühl, etwas ganz Kostbares werde da transportiert und sie hatte keinen Moment Angst, die Rettung der alten Wirtin könnte misslingen. Im Zentrumsspital kam ihnen eine Ärztin entgegen, sprach mit Annelies, notierte sich die verabreichten Medikamente und forderte Livia auf, doch bei der Frau mit dem Infarkt zu bleiben, die Personalien könne sie dann später angeben, wenn das Herzkatheterlabor frei sei, das dauere auch nicht mehr lange.

Das war Glück pur, gesteht Livia sich ein, wichtig zu sein, eine tragende Rolle zu spielen in dieser Situation. Und sie besass die Nerven, konnte dabei sein, vermochte Annelies Vertrauen einzuflössen. Diese Stärke, das war ein Glücksgefühl. Ganz verschwitzt und matt hat Annelies ihr zugelächelt und gedankt, bevor sie in den Untersuchungsraum geschoben wurde.

Livia blättert nach vorn. Nichts Vergleichbares unter den Glücksnotizen 1 bis 15. Einmal hatte sie ein Kompliment erhalten, einmal durfte sie länger Mittagspause machen, GLÜCK 10 war das vorgezogene Weihnachtsgeld, das die Chefs verteilten. Livia stutzt. Heute hat sie nichts bekommen. Und wenn jemand wirklich Glück gehabt hat, dann doch Annelies, der man mit einem Ballon die verengte Stelle am Herz rechtzeitig hat weiten können. «Aber ich war da, zur richtigen Zeit, am richtigen Ort. Ich wurde gebraucht. Ich war wichtig. Was braucht eine Frau noch mehr?», prostet sie sich zu und wundert sich, dass es nicht den geringsten Beigeschmack von Bitterkeit hat.

Das lange Warten

Sie sass immer an derselben Stelle. Immer auf der einen Parkbank. Direkt neben dem Brunnen. Wieder und wieder setzten sich dort Menschen hin und rasteten einen Augenblick, lasen ihre Zeitung, kauten an einem Brot. Irgendwann habe ich beim Hinausblicken aus dem Fenster gemerkt – sie ist immer da. Den ganzen Sommer über. Jeden Tag nahm sie ihren Platz ein.

Seltsam fing es mir an vorzukommen, als der Herbst begann. Da trieb es die Blätter über den Platz, da schaltete die Fontäne ab, sie war noch immer da. Warm eingehüllt, ein bisschen geduckt unter dem Wind, eine Wartende. Obwohl ich sie nicht kannte, beschäftigte mich ihr Schicksal. [...]

Die Erzählung, die diese Bildergeschichte inspirierte, finden Sie unter http://tinyurl.com/Bildergeschichte

Oder im Buch:
Brigitte Becker, Das lange Warten, in: *Und der Stern zog vor ihnen her*, Zürcher Weihnachtsgeschichten, hg. von Christine Voss, Zürich 2012, S. 26 ff.

Der himmlische Radar

Der Wasserkocher rauscht. Evi giesst Kräutertee auf und stellt die Henkeltasse auf den Küchentisch. Sie sinkt auf die Sitzbank nieder und stützt den Kopf in die Hände. In ihr rattert die Liste durch mit dem, was sie in den Tagen vor Weihnachten noch erledigen muss. Jetzt könnte sie sich dahinter machen. Eben hat Sonja, das Hütemädchen, ihre beiden Buben abgeholt. Ohne Quengelei und Gezänk der kleinen Schlingel ginge ihr die Arbeit leichter von der Hand. Evi schnuppert. Der Tee duftet. Aber da mischt sich noch etwas anderes ein. Sie nimmt die seltsame Karte zur Hand, die sie am Morgen im Milchkasten gefunden hat. Handgeschöpftes Papier mit getrockneten Blütenblättern und der Aufschrift: «Ich habe dich auf dem Radar. Ein himmlischer Bote». Tatsächlich, der Bogen riecht nach Lavendel und Meer, nach Sommer, Wind und Weite. Die junge Mutter schliesst die Augen und saugt die Düfte ein. Sie gibt dieser Entspannung nach und gönnt sich spontan einen kleinen Erholungsschlaf auf dem Sofa. Dieser ‹himmlische Radar› hat bestimmt nichts dagegen einzuwenden.

Alex schaut fassungslos auf die Heckscheibe seines BMWs. Da hatte jemand die Frechheit, mit Lippenstift ‹Ich habe dich auf dem Radar. Ein himmlischer Bote› hinzuschmieren. Vandalen? Er schwingt die Aktentasche auf den Beifahrersitz und greift nach der Box mit den Reinigungstüchern. Oder eine Anmache? Er lächelt breit, als er den Schriftzug abwischt. Vielleicht die Neue aus der juristischen Abteilung? So viel Romantik hätte er ihr gar nicht zugetraut. Hat sich herumgesprochen, dass er schon wieder Single ist? Sollte er der ‹himmlischen Botin› morgen eine Rose aufs Pult stellen? Mit einem ebenfalls verschlüsselten Kartengruss? Vielleicht ‹Vom angepeilten Objekt deines elektromagnetischen Wellensignals›?

Nach der Dusche massiert die Spitex-Pflegerin Linas Rücken. «Weisst du», gesteht die alte Frau, «dass ich keine Kinder habe, stört mich nicht. Aber was mir nun wirklich fehlt, sind Enkelkinder. Das tut weh.» Als sie später bequem im Lehnstuhl sitzt mit dem Frühstück in Reichweite, bittet Lina die Pflegerin, ihr noch die Post hereinzuholen und das Wichtigste vorzulesen. «Das Herz schwächelt, das ist noch zu ertragen, aber dass nun auch die Augen streiken …» – «Du hast zwei Bettelbriefe und eine Weihnachtskarte, das ist alles.» – «Von wem?» – «‹Ich habe dich auf dem Radar. Ein himmlischer Bote› steht auf der Rückseite. Vorne schwebt ein Engel mit gewaltigen Flügeln.»

Immer wieder kehren Linas Gedanken im Lauf des Tages zum Engelsgruss zurück. Sie nimmt ihn als Wink des Himmels. Mit dem Tod hat sie sich längst angefreundet. Aber dass er sich so nett ankündigt, ist ihr neu.

Es ist bereits dunkel, als Sonja mit den Buben zurückkehrt. Die Stimmen der Knirpse überschlagen sich beinahe, so beeindruckt sind sie vom Erlebnis im Stall. Sie durften die neugeborenen Kälblein streicheln, wurden sogar abgeleckt von ihnen und frische Kuhmilch gab es auch noch. «Auf dem Hof von Müllers ist das kein Problem, die lieben Tiere und Kinder dort gleichermassen», beschwichtigt das Mädchen die junge

Mutter. «Aber Sie sehen müde aus. Soll ich die Buben morgen Nachmittag nochmals entführen? Ich habe schulfrei.» – «Ich kann gar nicht ausdrücken, wie dankbar ich dir dafür bin.»

Nachdenklich öffnet Alex sein Feierabendbier und schaut vom Wohnzimmerfenster erst auf die hell erleuchtete Strasse hinunter, dann lässt er seinen Blick zum Himmel hoch gleiten. Auch an seiner Wohnungstür klebte ein Zettel mit der Radar-Botschaft. Wer hat ihn im Visier? Nein, eben nicht bedrohlich im Visier, sondern freundlich auf dem Radar. Er ist jemandem wichtig ... Alex nimmt noch einen Schluck. Seit der Scheidung lebt er völlig selbstbezogen. Für wen sollte ich wichtig sein, fragt er sich, wenn ich selbst mich auf niemanden einlasse? Tim, durchzuckt es ihn. Doch, Tim, meinen Sohn, den sollte ich vermehrt auf den Radar nehmen ... ihn orten. Genau, ihm einen Ort anbieten. Hat er nicht angedeutet, dass er lieber bei mir wohnen möchte, weil er sich mit seiner Mutter inzwischen nur noch streitet?

«Kannst du meine Handschrift wirklich lesen?», vergewissert sich Lina bei der jungen Nora. Die Tochter ihrer Spitex-Betreuerin hat sich freiwillig als Vorleserin angeboten. «Diese Reisetagebücher bedeuten mir viel. Ich bin ja ledig geblieben und habe hart gearbeitet. Meine paar Ausland-Erfahrungen waren wie Trauminseln im sonst öden Land. Und wenn du mir nun deine Augen leihst, um nochmals in die Erinnerung einzutauchen, machst du mich mehr als glücklich.» – «Ich bin selbst ganz gespannt auf Ihre Abenteuer», versichert Nora.

«Und, wie ergeht es euch als himmlische Boten in geheimer Mission?», fragt die Pfarrerin in die Runde ihrer Konfirmanden. Der Reihe nach erzählen die jungen Menschen, wen sie mit dem ‹himmlischen Radar› angepeilt haben. Wenige warten noch auf eine Reaktion, die meisten sind bereits aktiv geworden. Nora erzählt begeistert von Erlebnissen aus den Reisetagebüchern der alten Lina. «Den Buben und ihrer Mutter habe ich gestern beim Guetzlibacken geholfen», berichtet Sonja. «Die freuten sich riesig darüber.» Einzig Tim reagiert mit einem Schulterzucken. Enttäuscht zeigt er mit dem Daumen nach unten.

Quietschend hält Alex am Strassenrand. Tim wendet sich erschrocken um. Er sieht den BMW seines Vaters. Dieser winkt und deutet ihm an, einzusteigen. «Wie hast du mich bloss erkannt bei dieser Dunkelheit, Papa?» – «Irgendwie hatte ich dich auf dem Radar», tut Alex geheimnisvoll. «Hast du Zeit? Ich koche dir etwas. Und dann besprechen wir in Ruhe deinen Umzug zu mir.»

Keine Kerzen ins Inselgepäck!

Christine schiebt das letzte Blech Mailänderli in den Ofen. Die verbliebenen Teigkrümel ballt sie mit der Hand zusammen, steckt sich die klebrige Masse in den Mund und schmatzt genüsslich. Andere mögen Zimtsterne oder Brunsli am liebsten, ihr persönlicher Weihnachtsguetzli-Favorit aber ist dieses gradlinige, bescheidene Mailänderli. Am besten schmeckt es ihr in Elchgestalt. Sie hat zwar auch noch ein paar Sterne und Monde ausgestochen, einige Schneemänner und Schweinchen, aber nur zum Variieren – an den grossen Elch reicht nichts heran. Da mögen andere Leute ruhig darüber lachen, aber Christine ist überzeugt, dass die Form auf den Geschmack abfärbt. Es ist ihr sowieso egal, was andere denken. Sie wird dieses Jahr die volle Guetzlidose ans Meer mitnehmen, und sie hat nicht die geringste Absicht, ihren Inhalt mit jemandem zu teilen.

Weihnachten am Meer! Der Kälte, dem Schneematsch, diesem ganzen Kommerzgetümmel entfliehen ... Einfach nur am Strand liegen, sich von Zeit zu Zeit bei einem kleinen Schnorchelabstecher abkühlen ... Christine räumt die Küche auf. In Gedanken schlendert sie bereits barfuss um die kleine Malediveninsel, blinzelt über den hellen Sand ins türkis schimmernde Wasser, baumelt in einer Hängematte zwischen Palmen. Da wird ihr niemand vor der Sonne stehen! Sie will diese unverschämt teuren Ferien hemmungslos geniessen. Gut, gestutzt hat sie schon vor zwei Monaten, als es um den Preis der definitiven Buchung ging. Der Jüngling vom Reisebüro gab noch zu bedenken, dass die Bungalows natürlich immer für zwei Personen ausgelegt seien und jede allein reisende Person unverhältnismässig zur Kasse gebeten werde. Naiv fragte er sogar nach, ob sie denn keinen Reisepartner finde, eine Freundin vielleicht, jemanden aus der Familie? Sie hat verneint. Und sie braucht auch keinen! Das ist ja gerade das Ziel: Allein wegzugehen, dem Grossraumbüro den Rücken zu kehren, auf allfällige Weihnachtseinladungen mit einem kühlen Nein-danke-ich-verbringe-die-Festtage-auf-den-Malediven reagieren zu können.

Sollte sie Kathrins Vorschlag beherzigen und ein paar weihnächtliche Dekorationsgegenstände auf die Insel mitnehmen? Ihre Arbeitskollegin hat eine grosse Verwandtschaft, sie gehört einer richtigen Sippe mit tausend Ritualen an. Natürlich kann die ihren Alleingang nicht nachvollziehen, über die Festtage sowieso nicht. «Hast du wirklich niemanden?» Kathrins Frage echot noch in Christines Gehörgängen. Nein, niemanden. Sie ist bald vierzig, im sogenannt besten Alter, aber in den letzten fünf Jahren, in denen sie allein gelebt hat, ist sie ziemlich kauzig geworden. Christine weiss es. Soll sie sich darüber grämen? Pia, ihre letzte Freundin, hat sich eingeschnappt auf und davon gemacht ... Kein Verlust, letzten Endes, auch so eine zarte Pflanze ohne jede Streitkultur. Konfrontierte man sie nur im Geringsten, dann machte sie gleich dicht oder begann sogar zu weinen. Ihre letzten Worte waren dann allerdings heftig, ‹drastischer Mensch› und ‹Trampeltier› hat sie Christine noch an den Kopf geworfen. Aber sie kann sich doch nicht dauernd zügeln, ihre Kraft und Energie drosseln! Dann lieber allein sein, sogar schrullig und skurril, dafür aber autonom und frei. Nein, keine Weihnachtskugeln oder gar Kerzen ins Inselgepäck! Die würden dort eh nur schmelzen. Wenn schon weg, dann ganz und gar. Flucht nach vorne – ohne Weihnachtsschmuck!

«Hast du wirklich niemanden?» Was für eine aufdringliche Frage. Und warum hallt die so stark nach? Sie braucht doch niemanden, schon gar nicht nahe, auf der Pelle, mit Kontrollblick ... Ihr Vater ist so einer gewesen, der immer alles besser wusste, der tobte und alle herumkommandierte. Unerträglich. Mutter verwelkte frühzeitig daneben. Beide schon tot. Und die zwei älteren Schwestern auch, irgendwie, jedenfalls für Christine. Sie ist die Nachzüglerin. Die beiden haben keine Gelegenheit ausgelassen, die Jüngere ihre Überlegenheit spüren zu lassen. Christine hält beide für ganz und gar unehrliche, selbstbezogene Frauen. Die eine hat jetzt MS, aber auf ihr Mitgefühl muss sie verzichten. «Ich habe wirklich niemanden.» Sie spricht es laut in ihre saubere Küche hinaus und fügt trotzig hinzu: «Und ich brauche auch niemanden!»

«So ganz lässt sich Weihnachten eben doch nicht austricksen», sagt eine Stimme hinter Christine. Sie fühlt sich ertappt und dreht sich ganz langsam um. Die sonnengebräunte Frau mit dem lässig umgebundenen Pareo muss in ihrem Alter sein. Christine hat eben aus der Glasvitrine im Inselshop einen handgrossen Engel aus Kunststoff herausgenommen; er ist nicht nur mit Schnorchel und Maske ausgerüstet, sondern auch noch mit Flossen. «Ja ja, köstlich, was sich so alles kombinieren lässt», gibt sie zurück und versucht die Rührung, die eben beim Betrachten dieses aussergewöhnlichen Engels in ihr aufgestiegen ist, zu verbergen.

«Du bist allein hier, oder?», will die Frau mit dem norddeutschen Akzent wissen.

«Freiwillig», rechtfertigt sich Christine, schärfer als beabsichtigt.

Ihre Gesprächspartnerin, die sich als Heike vorstellt, geht gar nicht darauf ein, sondern hakt nach: «Willst du Heiligabend mit uns verbringen heute? Meine Kollegen haben sicher nichts gegen eine erweiterte Runde.»

«Es muss nicht sein», hält Christine sich bedeckt.

«Komm schon, wir sind alle ganz nett. Wir sind eine Gruppe von Leuten, die vor zwanzig Jahren zusammen Sozialpädagogik studiert haben. Das hat uns zusammengeschweisst. Seither unternehmen wir immer wieder mal etwas gemeinsam, wie jetzt eben diese Schnorchel-Weihnacht. Den Engel kannst du ruhig mitnehmen», zwinkert Heike ihr zu, «der passt vorzüglich in den Kreis. Also dann, bis nach dem Dinner, wir wohnen gleich hinter der Tauchbasis.»

Christine bezahlt den Engel und spaziert gedankenversunken zu ihrem Bungalow zurück. Auch gut, sie kann ja hingehen – und die verbliebenen Mailänderli-Elche mitbringen. Seltsam, sie hat doch gar nichts gesucht. Sie zieht den Engel aus der Papiertüte und lächelt ihm zu: «Oder hast du vielleicht mich gesucht, Weihnachts-Flossen-Engel? Und gefunden ...»

Das Weihnachtsoratorium

Das Münster ist besetzt bis auf den letzten Platz, schwaches Abendlicht dringt durch die Fenster der Hochwand und wirft matte Schimmer über den rötlichen Sandstein. Im unüberschaubaren Meer von Köpfen hält Ruedi von der Chortribüne hinunter Ausschau nach Annette, vergeblich, er kann seine Tochter nirgends erspähen. Er ist gespannt, Annette will ihnen heute Abend ihren neuen Freund vorstellen, nach dem Konzert trifft man sich zum Essen. Aber zunächst ist Musik angesagt: Zum vierten Adventssonntag werden die ersten drei Teile von Bachs Weihnachtsoratorium geboten.

Das Licht in den Kirchenschiffen verlöscht und gleichzeitig hören die Musiker auf ein Zeichen der Konzertmeisterin hin damit auf, ihre Instrumente zu stimmen. Der Chor erhebt sich. Ruedi rückt seine Lesebrille zurecht und erwidert das Lächeln seiner Frau Doris, die ihm aus den Sopranreihen erwartungsvoll zunickt. Applaus setzt ein, die Solisten samt Dirigent treten auf und nehmen ihre Plätze ein. Gebannte Stille füllt nun den Raum, verdichtet in der völlig reglosen Gestalt des Dirigenten mit ausgespannten Armen. Endlich die erlösenden Paukenschläge, der Bläsereinsatz, wellenförmig schwellen die Streicher an, der Chor folgt. Gemeinsam versetzen sie das Münster in einen Klangrausch mit *Jauchzet, frohlocket!*

Nach dem stürmischen Auftakt darf der Chor sich setzen. Alle Köpfe wenden sich nun zur Kanzel hin, wo der Evangelist mit samtweicher Stimme sein erstes Rezitativ beginnt. Ruedi lächelt und ist erstaunt, wie schön dieser gesungene Bibeltext wirkt. Die Pfarrer sollten mehr singen dort oben, denkt er, ihre Botschaft käme viel attraktiver daher.

Bereite dich, Zion, mit zärtlichen Trieben, fordert die Altistin wenig später mit warmer Stimmgebung auf. Fast hätte diese sinnliche Einladung Ruedi davongetragen, wäre sein Blick in diesem Moment nicht auf Erich gefallen, der im Tenor drüben sitzt. *Zärtliche Triebe …* Genau, solche Triebe hätten ihn damals angestiftet, als sie beide noch im selben Betrieb arbeiteten und aufflog, dass Erich, der Buchhalter, fünfundzwanzigtausend Franken aus der Firmenkasse abgezweigt hatte. *Aus zärtlichen Trieben* eben, für seine Frau, die schwer an Rheuma litt und der Erich damit Aufenthalte im günstigen Klima von Gran Canaria ermöglichte. Liebe hin oder her, denkt Ruedi, gestohlen bleibt gestohlen. Aber der hat seine Strafe dafür gekriegt. Und eigentlich ist er ein armer Kerl seither. Er weiss, dass Erich nie mehr richtig Tritt gefasst hat in der Arbeitswelt. Er jobbt bei einer Sozialfirma, die der ehemalige Münsterpfarrer gründen half. Dieser singt schon lange im Chor mit. Er war es auch, der Erich angeschleppt hat, erinnert sich Ruedi.

Der Choral *Wie soll ich dich empfangen* unterbricht Ruedis missmutige Gedanken. Hinterher ist er milder gestimmt. Was kümmert ihn denn dieser Erich noch, wenn er doch heute Hannes kennenlernt, von dem Annette in den höchsten Tönen schwärmt. Es ist ihr Ernst, das spürt er als Vater deutlich. Sie hat sich lange Zeit bedeckt gehalten, verweigerte sich mindestens ein halbes Jahr lang der elterlichen Neugierde. Aber demnächst lüftet sie das Geheimnis, dürfen sie den Supermann endlich kennenlernen. Ja, *wie soll ich dich empfangen,*

Hannes, der du auf dem besten Weg zum Schwiegersohn bist? Nicht so einfach, dir meine einzige, unvergleichliche Tochter zu überlassen!

Die Bass-Arie holt Ruedi in die Gegenwart zurück, *der höchste König muss in harten Krippen schlafen.* Auch Gott hatte es noch nie leicht mit seiner Welt, geht Ruedi durch den Kopf, vielleicht hat er Johann Sebastian Bach deshalb zu solch wundervoller Musik inspiriert, um sich selbst damit zu trösten.

Vor dem dritten Teil des Oratoriums ist eine längere Pause eingeplant. Der Chor tritt ab, auch das Publikum regt sich. Doris schenkt Ruedi im geschützten Chorraum hinter der Bühne aus der Thermosflasche Ingwertee in einen Becher: «Hast du Annette und ihren Liebsten schon zu Gesicht bekommen?» Ruedi verneint.

Doris kehrt zu ihren Sopran-Kolleginnen zurück, während er im Chorgestühl Platz nimmt. Noch hallt das *und den Menschen ein Wohlgefallen* in Ruedi nach. *Wohlgefallen,* an den Menschen, nein, nichts, womit er gesegnet wäre. Er ist toleranter geworden mit den Jahren, das schon, aber deswegen kann er noch längst nicht jeden einfach so annehmen, wie er ist. Seine Wertvorstellungen sind noch immer hoch, unerreichbar hoch, würde seine Frau einwenden. Aber der Mensch braucht doch einen Ansporn, um sich zu verbessern.

Hat er, Ruedi, eigentlich *ein Wohlgefallen* an sich selbst? Ruedi stöhnt und fühlt sich ertappt von seinem inneren Kritiker. Ach, immer wieder stolpert er darüber: Da setzt er Menschen wie diesen Erich herab, bloss weil er immer noch nicht begreifen will, dass die Erde kein Paradies ist, dass Dunkles und Helles vermischt sind, auch in ihm selbst … gerade in ihm selbst.

Ruedi schlürft den Tee. Auf der anderen Chorseite sieht er Erich in einem Männerkreis stehen. Sie unterhalten sich angeregt. Die verteilen ihr *Wohlgefallen* deutlich lockerer als er, stellt Ruedi mit leisem Verdruss fest.

Herrscher des Himmels, erhöre das Lallen, in den dritten Teil des Weihnachtsoratoriums steigen die Tenöre solistisch ein, die Bassstimmen müssen sich noch etwas gedulden. Ruedi spürt die Energie, mit der ihn diese Musik erneut durchströmt. *Lass dir die matten Gesänge gefallen,* ja, er will jetzt einfach nur noch singen, alles Grübeln lassen und nichts als Teil dieses grossen Klangkörpers sein. Kraftvoll stimmt er in den Aufruf ein: *Lasset uns nun gehen gen Bethlehem.* Als später die beiden Oboen d'Amore einsetzen und die Sopranistin und der Bass sich in Ruedis Lieblingsduett musikalisch umschmeicheln, wird ihm ganz warm: *Herr, dein Mitleid, dein Erbarmen tröstet uns und macht uns frei.* Auch und vor allem frei von mir selbst, denkt Ruedi, damit ich mir nicht länger selbst im Weg stehe.

Derart weihnächtlich eingestimmt, geht Ruedi nach dem Konzert auf Annette zu, die im Gewühl beim Seitenausgang bereits von ihrer Mutter ans Herz gedrückt wird. Die Tochter schlingt die Arme um den Hals ihres Vaters. «Ihr habt euch mächtig ins Zeug gelegt», sagt sie nahe an seinem Ohr, «es war einfach wunderbar!» – «Und, wo steckt jetzt deine Wundertüte?», fragt Ruedi seine Tochter, er kann weder seine Ungeduld noch seinen Gefühlsaufruhr verbergen. «Das ist Hannes», stellt Annette den jungen Mann vor, den sie am Ärmel heranzieht. Ruedis kritischer Blick trifft auf zwei klare, ruhige Augen, die ihm freundlich standhalten. «Ich bin der Ruedi.» Er streckt Annettes Freund die Hand entgegen und weiss sofort, dass auch ihm dieser Mann gefällt.

«Annette und ich haben uns gedacht, es wäre schön, wenn heute Abend auch mein Vater mitkommen könnte. Meine Mutter wäre sicher auch gern dabei gewesen, sie verstarb leider vor vier Jahren.» – «Schade», nickt Ruedi, «aber schön, dass wenigstens dein Vater da ist.» Hannes tritt zur Seite. Das Lächeln des Älteren erstarrt einen Sekundenbruchteil lang, ein Abgrund scheint sich zu öffnen, aber anstatt ihn zu verschlingen, steigt eine Klangwolke aus ihm auf: *Herr, dein Mitleid, dein Erbarmen tröstet uns und macht uns frei …* Ruedi atmet durch, dann umarmt er den hageren Mann vor ihm und klopft ihm auf die Schulter: «Du, Erich? Na, so was. Sei uns willkommen!»

Ein Zeichen vom Himmel

«Warten Sie, ich helfe Ihnen.» Kurt hält der jungen Frau die Haustür auf. Sie heisst Liliane und wohnt ein Stockwerk über ihm. «Weihnachtssterne, mit Glitzerzeug drauf, Sonderangebot.» Sie weist mit dem Kopf auf die beiden grossen Verpackungen in ihren Armen und lächelt schüchtern. Leichtfüssig geht sie voraus die Treppe hoch. «Ich werde alt», keucht Kurt leise vor sich hin.

Als er in seiner Wohnung Licht macht, stört ihn einmal mehr die nackte Birne, die von der Flurdecke baumelt. Der Stuhl, der ihm als Garderobe dient, ist bereits überladen. «Nun wohne ich schon seit dem Frühjahr hier, und noch immer ist alles bloss improvisiert», ärgert sich Kurt. Im Kühlschrank findet er einen Rest Schinken, aber das Brot ist aufgebraucht. Er braut sich einen Pulverkaffee und kaut lustlos an einem Stück Panettone. Auf einmal erfüllt weihnachtliche Musik die kleine Küche. Kurt schaut sich suchend um. Sein Radio ist ausgeschaltet. Die Klänge verstummen so plötzlich, wie sie gekommen sind. Kurt stutzt: «Langsam spinne ich auch noch.»

Als er später vor dem Fernseher sitzt und wahllos herumzappt, ist überraschend die Musik wieder da. Kurt schaltet den Fernseher aus und lauscht. «So weit bin ich also gekommen», sinniert er. «Das ist aus der erträumten Freiheit geworden: Ich darf ungestört auf der Fernbedienung herumdrücken?» Hat er seiner Frau nicht bitterste Vorwürfe gemacht, dass sie ihn einenge und mit ihrem Kinderwunsch bedränge? Hat er die Trennung auf Zeit nicht verlangt, um ungehindert sich selbst sein zu dürfen? Und das ist nun dabei herausgekommen. Wieder bricht die Musik ab. Kurt nimmt die äussere Stille wahr. Dann lauscht er in sich hinein. «Was ist bloss mit mir los?» Er schüttelt sich, wie wenn er so die wachsende Sehnsucht nach seiner Frau abstreifen könnte.

Um sich abzulenken, startet er seinen Laptop. Die Ferienbilder der Türkeireise sollten noch bearbeitet werden. Auf einigen ist er selbst zu sehen, lässig an ein Geländer gelehnt, zu lässig irgendwie. Einen ebenfalls einzeln reisenden Mann aus der Gruppe hatte er um die paar Aufnahmen von sich gebeten. Zum Nachtreffen ist Kurt nicht hingegangen. Wozu auch, er war mit niemandem warm geworden.

«Nicht schon wieder!» Kurt springt auf. Auch in seinem Schlafzimmer überfällt ihn diese Musik. Sie scheint ihn zu verfolgen mit ihrer leisen Süsse. Stöhnend setzt er sich aufs Bett. Die Klänge bohren sich in seinen Kopf und in sein Herz. Sie tun weh, weil sie so schön sind. Umso erbärmlicher erscheint ihm sein gegenwärtiges Leben. Abrupt tritt wieder Stille ein. Intuitiv erfasst Kurt: Das ist ein Zeichen vom Himmel.

Er läuft in den Flur und greift hastig nach Mantel und Schlüssel. Vor der Wohnungstür stösst er mit einem Mann zusammen, der eine schwere Kiste hinunterschleppt. «Entschuldigung. Gabriel», stellt sich der junge Mann vor. «Ich habe bei Liliane oben diese Lautsprecher ausprobiert. Ich hoffe, es hat Sie nicht gestört.» Kurt verneint, drängt sich vorbei und murmelt vor sich hin: «Was hat er gesagt, wer er sei? … Der Engel Gabriel?»

Als Kurts Frau wenig später die Türe öffnet, schaut sie ihn verwundert an: «Du?» – «Ich habe gerade etwas Merkwürdiges erlebt – mit himmlischer Musik und einem Engel. Jetzt bin ich wieder da. Lässt du mich herein?»

Im Stall geboren

In engen Kurven windet sich die Strasse durch den felsigen Wald hinauf ins abgelegene Hochtal. Schneefall hat eingesetzt, grosse Flocken wirbeln im Scheinwerferlicht an diesem grauen Nachmittag. Fred fährt vorsichtig.

«Du bist so still geworden. War es vielleicht doch keine so gute Idee, hierher zu kommen?» Nachdenklich schaut er seine Frau, die bleich neben ihm sitzt, von der Seite an. «Wir hätten es im Sommer tun müssen ... Blumenwiesen im Sonnenlicht, weidende Tiere, erste Steinpilze am Waldrand. Idylle in Grün ... nicht diese weisse Welt ... Sie schreckt die ganze Erinnerung auf.»

Ursula winkt ab. «Nein, es ist schon gut so. Und gerade noch rechtzeitig auf Weihnachten können wir dem alten Franz Steiner nochmals danken ... mit dem längst fälligen Geschenkkorb.»

«Den kann er gebrauchen, wenn es so weiterschneit. Notvorrat für den Fall, dass er mit seinem rostigen Unimog trotz improvisiertem Schneepflug nicht mehr ins Tal hinunter gelangt ...»

Ursula fröstelt, ihr ist innerlich kalt, da helfen weder Sitzheizung noch Daunenjacke. Unwillkürlich tastet sie ihren linken Rippenbogen ab und bemüht sich um tiefe Atemzüge, aber die Beklemmung wächst und droht ihren ganzen Brustkorb samt Nacken zu versteifen. Sie schweigen wieder.

Der gute alte Steiner, grübelt Fred, nicht auszudenken, was wir ohne ihn gemacht hätten am 2. Februar. Dieser 2.2., ein unauslöschliches Datum. Dabei hatte jener Tag so gut begonnen. Es hatte über Nacht geschneit, am Morgen jedoch strahlte die Sonne, der Himmel war stahlblau und die Gipfel der Voralpenkette lockten mächtig. Als erfahrene und auf Sicherheit bedachte Skitourengänger wussten er und Ursula, dass es zu früh und zu gefährlich war, in die Höhe zu steigen. Doch sie verspürten Bewegungsdrang und brachen zu einer kleinen Felltour in dieses sanfte Hochtal auf, das sie schon kannten und das keine gefährlich geneigten Hänge aufwies. Sie genossen einen lockeren Skispaziergang in zauberhafter Landschaft. Bei der Abfahrt jedoch, völlig unerwartet, tat sich wenig oberhalb von ihnen ein Riss auf. Die Neuschneedecke, auf der sie dahinglitten, löste sich auf breiter Kante ab und rutschte samt ihnen langsam in der Falllinie in die Talsenke. Während er sich auf den Beinen zu halten vermochte und auf der Oberfläche der Lawine blieb, verkantete Ursula ihre Skier, verlor den einen, stürzte und versank kopfüber in den fliessenden Schneemassen. Das Bein mit dem festgeschnallten Ski ragte die ganze Zeit über aus dem Schnee, er folgte ihm entschlossen. Als die Schiebbewegung zum Stillstand kam, war er gleich zur Stelle, holte die Schaufel aus dem Rucksack und befreite seine Frau. Ihm kam dies alles sehr kurz vor, er hatte ja zu tun. Ursulas Erfahrung war eine gänzlich andere.

«Ich kann es mir nicht erklären», unterbricht Ursula die Stille, «aber ich spüre wieder ganz deutlich meine gebrochenen Rippen. Die sind doch eigentlich längst verheilt …»

«Körpergedächtnis», erwidert Fred.

«Das sagst ausgerechnet du, der Oberrationale. Woher hast du denn diese Weisheit?», trotz ihrer Anspannung muss Ursula lächeln.

«Der Masseur vom Hotel Simmenhof hat mir darüber referiert im Herbst, als er mich behandelte. Es hat mir noch eingeleuchtet.»

Mittlerweile haben sie das abschüssige Gelände hinter sich gelassen und befahren die breiter werdende Talsohle; die Sicht im Schneetreiben ist schlecht, Schneewälle säumen die Strasse, unterbrochen von roten Markierungsstangen, dahinter verliert sich die weite Schneelandschaft ins dämmerige Nichts.

«Bitte halte an», flüstert Ursula.

Besorgt fragt Fred: «Ist dir schlecht? Willst du aussteigen?»

«Nein. Ich möchte nur einen Weile … Stille …» Ursula stürzen Tränen aus den Augen. Sie weint nicht. Eher weint es aus ihr heraus. Stockend schaut sie zurück, während ihr Blick geradeaus ins Leere geht. Zum wiederholten Mal ist ihr die Szene von damals gegenwärtig: Zuerst war es, wie wenn sie ein schwerer Lastwagen erfasste und überrollte, es zog und zerrte an ihr und sie meinte, zu zerreissen. Dann wurde es eng und immer enger. Sie fühlte sich wie zu einer Kugel zusammengepresst, konnte kaum noch atmen. Und während sie so geknetet wurde, war alles gleichzeitig da – alle lieben Menschen, alle Orte, die ihr etwas bedeuteten, alle emotionalen Momente … ihr ganzes Leben. Und dann war es plötzlich still, einfach nur noch still … gespenstig still. Und sie dachte: Das war es jetzt also … Und irgendwie war es gut … Es war einfach, wie es war. Sie hatte nicht den geringsten Impuls, sich dagegen aufzulehnen.

Endlich taucht Ursula aus der Erinnerung auf. «Schon seltsam, Fred, dass es schön und schwer zugleich ist, weiterzuleben … Im Abschied war so ein unendlicher Friede spürbar.»

Ihr Mann schweigt zunächst. Er begreift, was Ursula ihm sagen will. «Du weinst, weil du glücklich bist, dass ich dich herausgeholt habe … Und du weinst gleichzeitig, weil du traurig bist, dass dieses gute Gefühl vom grossen, ruhigen Loslassen weg ist ...»

Ursula streichelt seinen Oberschenkel, nickt und putzt sich die Nase. «Jetzt lass uns aufbrechen, zum Steiner Franz.»

Als sie vor dem baufälligen Bauernhaus parkieren, tritt Franz gerade aus der Tür. Er knöpft seine speckige Lammfelljacke zu und blickt argwöhnisch auf die Ankömmlinge. Erst als Ursula vor ihm steht und ihm die Hand entgegenstreckt, erkennt er sie. «Was um alles in der Welt hat euch hier herauf getrieben?», fragt er anstelle einer Begrüssung.

«Aber das habe ich dir doch geschrieben, Franz», erklärt Ursula. «Hast du meinen Brief etwa nicht erhalten?»

«Doch, ein Brief ist gekommen. Ein schöner Brief ... Der war also von dir? Die Handschrift war so modern, ich konnte sie nicht lesen.» Er wendet sich Fred zu: «Was willst du mit dieser grossen Kiste? Was? Essbares? Alles für mich? Dann trag die Sachen gleich in die Küche. Danke!»

Ursula realisiert, dass sie den alleinstehenden Mann in Bedrängnis bringen mit ihrem Besuch. Er hat sie nicht erwartet und hat wohl schon länger keine Gäste mehr empfangen.

«Eigentlich wollte ich hinauf zu den Schafen ...», gesteht Franz.

Spontan fragt Ursula: «Dürfen wir mitkommen?» Dafür erntet sie einen erschrockenen Blick ihres Mannes.

Der Alte nickt. «Wenn ihr wollt. Dann quetscht euch in meine Karre.»

Vom Hof hinauf zum Stall führt nur noch ein schmaler Pfad, den das geländegängige Fahrzeug dank Schneeketten zwar holpernd, jedoch ohne zu schleudern bewältigt. Der kleine Scheibenwischer arbeitet tüchtig, aber das harte Wischblatt presst den Schnee mehr an die Scheibe, als dass er ihn entfernt.

«So hast du mich hinaufgefahren, Franz, am 2. Februar, als ich Ursula bei deinen Schafen oben ins Stroh gebettet hatte. Zunächst war ich total entsetzt darüber, dass mein Handy hier oben keinen Empfang hatte, ich also keine Rettungskräfte herbeirufen konnte. So schnallte ich eben meine Skier wieder an und sauste los. Wie froh war ich, dich auf deinem Hof anzutreffen und von dir ohne weitere Umstände Hilfe zu erhalten!» Nun ist auch Fred das Geschehene wieder voll gegenwärtig.

«Nach unendlich langer Zeit, wie mir schien, seid ihr mich dann holen gekommen. Und zu dritt sind wir schliesslich zu unserem Auto unterhalb des Waldes hinuntergefahren», ergänzt Ursula. «Ich war halb ohnmächtig vor Schmerzen in deinem Rüttelgefährt.»

«Es war aber doch Glück im Unglück, dass die Lawine dich fast direkt in meinen Schafstall hineingeschoben hat», erwidert Franz ungewohnt feierlich.

Sie halten vor dem Verschlag und steigen aus. Franz greift zu einer Mistgabel und hat nichts dagegen, dass die beiden Unterländer ihm in den niedrigen Stall hinein folgen. Die Tiere weichen erst scheu vor den Neuankömmlingen zurück, aber ihre Unruhe legt sich rasch, als Franz die Petrollampe anzündet, jedes Tier mit Namen ruft und es eine Weile krault. Ursula und Fred haben sich auf einen Strohballen niedergelassen und fühlen sich in eine völlig andere Welt entrückt. Die Tiere scharen sich um ihren Hirten und bald um die Futterkrippe, ein warmer Glanz liegt auf ihrem gelockten Fell, es duftet nach Heu und nach Rauch und nach warmen Tierleibern. «Jetzt fehlen nur noch die Engelchöre», raunt Fred Ursula ins Ohr und drückt sie fest an sich, als er bemerkt, wie ihr erneut Tränen in den Augen stehen.

«Im Stall unter den Tieren ist der Friede, nach dem die Menschen suchen, und den sie untereinander nicht finden.

Andere beklagen es, dass Maria und Josef in Betlehem kein anständiges Bett fanden. Aber mir ist völlig klar, dass Jesus nirgendwo sonst zur Welt kommen wollte, nirgendwo sonst als in einem Stall.» Und dann brummelte Franz noch etwas in den Bart, das sich wie «Ende der Predigt» anhörte.

«Weisst du, was mir jetzt auffällt, Ursula», flüstert Fred nach einer beinahe andächtigen Stille, «du wurdest am 2.2. zum zweiten Mal geboren ... ausgerechnet in einem Stall, wie Jesus. Das könnte ein Wink von ihm sein ...»

«Wer weiss, auf jeden Fall bin ich jetzt doch froh, dass ich noch da bin», gesteht sie leise, lässt sich ins Stroh hinuntergleiten und umarmt gleichzeitig Freds Bein und das Schaf, das sich ihr zutraulich genähert hat.

Josef wider Willen

Walter tritt von einem Bein aufs andere und bewegt seine Zehen – es hilft wenig, die Kälte hat seine Füsse fest im Griff. Oben schützt ihn ein schwerer Wollumhang, der seinen Hals bei jeder Kopfbewegung wund scheuert. Mit seinen kraftvollen Zimmermannshänden hält er einen langen Stab umklammert, die einzige Übereinstimmung mit dem echten Josef.

An dieser Szene ist die Estrichtür des Pfarrhauses schuld und Sabine, seine Jüngste. Wäre das alte Scharnier im November nicht aus dem Rahmen gerissen, hätte er keinen Reparaturauftrag erhalten. Und dann wäre der Pfarrer, bei dem Sabine den Religionsunterricht besucht und ihn vom Elternabend her kennt, nie auf die Idee gekommen, ihn für die Josefsrolle der «lebendigen Krippe» anzufragen. Walter wusste, worum es ging: Seit Jahren wurde am vierten Adventsabend der Pavillon im Pfarrhausgarten zum improvisierten Stall von Betlehem und der Kirchplatz zum Hirtenfeld; der Kirchenchor sang jeweils vom Turmzimmer des Glockenturms herab und mimte in weissen Gewändern die Menge der himmlischen Heerscharen.

So ist er nun für drei Stunden Josef. «Michelle … ähm, Maria, wollte ich natürlich sagen, hast du auch so kalte Füsse?» Walter beugt sich zur Gymnasiastin hinunter, die mit einem in Schaffell gewickelten Plastikjesus im Schoss vor ihm sitzt. – «Zum Glück haben wir nur diesen Puppensohn, nicht auszudenken, was ein echter Säugling jetzt erleiden müsste», erwidert sie. Sehnsüchtig blicken beide zum Kirchplatz hinüber, wo sich die Hirten rund um hoch auflodernde Finnenkerzen scharen. Die paar Petrollampen im «Stall» verbreiten spärliches Licht ohne jede Wärme. Walter seufzt. Am liebsten wäre er getürmt. Er und seine Maria stehen völlig einsam da. Der Publikumsmagnet ist aktuell das «Hirtenfeld» drüben vor der Kirche, das von einem starken Schweinwerfer erhellt ist. Der Chor jubelt eben sein «Ehre sei Gott in der Höhe» darauf herab.

«Du hast den Horror auch überstanden», hört Walter plötzlich eine Männerstimme hinter sich sagen. Unbemerkt ist einer der Besucher ins Krippenbild getreten. Er flüstert an seinem Ohr: «Ach Josef, wer hätte das gedacht, dass es so schwierig ist, Vater zu werden?» Walter wendet sich nicht um. Er realisiert intuitiv, dass hier nicht er, sondern Josef gefragt ist. «Du hast es auch nicht einfach gehabt hier im Stall. Habt ihr überhaupt eine Hebamme rufen können? Wir waren im Spital vorgestern, kein Vergleich: Warm war es da, es hatte Personal und jede Menge Notfall-Apparate. Und hinterher haben sie gesagt, es sei eine gute Geburt gewesen, alles normal ... normal bis auf den jungen Vater, der ... also ich ... ich war total daneben. Warum sagt einem das niemand vorher? Warum geht man da mit und muss Zeuge werden von etwas, das einen in Panik versetzt? Gut, Lilly hat sich gewünscht, dass ich sie begleite. Ich war auch zweimal im Vorbereitungskurs dabei. Aber als sie dann diese schlimmen Wehen hatte, fast ununterbrochen, da schrie sie mich an: Ich solle weggehen, die Hände von ihr lassen! Ich konnte fast nicht mehr ... Natürlich habe ich realisiert, dass in Wirklichkeit sie leidet ... meine süsse Lilly, die um ihr Leben schrie. Ich musste dableiben, sie konnte ja auch nicht weglaufen. – Aber halte das einmal aus:

Die Liebste brüllt. Und du bist mitschuldig an ihrer Qual. Und dann bist du selbst total hilflos, weggestossen, überflüssig.» Stille.

Walter horcht in sich hinein. Er hat die Geburten seiner drei Kinder anders erlebt, aber es ist auch schon eine Weile her. Er erinnert sich an den grossen Respekt vor der Leistung seiner Frau. Sollte er sich dazu äussern?

«Wer hat eigentlich bei eurem Jesuskind diese hässliche Nabelschnur durchgetrennt? Das haben sie auch noch von mir erwartet! Fast wäre ich umgekippt. Zum Glück war Lilly so ruhig. Sie thronte hinterher wie eine Königin in den Kissen und strahlte. Ich kam mir wie ein erbärmlicher Schwächling vor…» Es atmet schwer an Walters Ohr.

In diesem Moment verstummt der Engelsgesang und der Scheinwerfer am Kirchturm erlischt. «Dann gehe ich jetzt mal zurück zu den Engeln. Meine Schwiegermutter ist einer von ihnen. Sie hat mich herausgelockt und gesagt, so ein Krippenbesuch entspanne mich vielleicht. Sie hatte Recht. Danke, Josef, dass ich so von Vater zu Vater mit dir reden konnte. Hat mir gut getan.» Ein Klaps auf die Schultern und weg ist der unbekannte junge Vater.

Walter steht da. Seine Beine fühlen sich warm an bis in die Zehenspitzen hinunter. Er richtet sich an seinem Wanderstab auf und lächelt vor sich hin: Wer hätte gedacht, dass ich einen solch brauchbaren Josef abgebe?

Seine Tochter gibt ihm Recht. In diesem Augenblick nämlich tritt Sabine mit zwei Schulfreundinnen vor den Stall-Pavillon und kommentiert stolz: «Der Josef dort ist übrigens ein echter Zimmermann, der kann alles.» Sie tritt näher und erkundigt sich: «Na, Paps, wie fühlst du dich denn als Josef?»

Andere Umstände

Gedankenverloren bleibt Sibylle vor einem Schaufenster stehen. Was hat ihre Freundin zuletzt noch gesagt? Wenn eine Frau schwanger werde, habe sie einen unbewussten Kinderwunsch? Sibylle horcht in sich hinein: Ist da wirklich so etwas wie Sehnsucht nach einem eigenen Kind? Ganz ausschliessen kann sie es nicht ... Aber doch nicht jetzt schon, überfällt sie wieder die Panik, die sie seit dem positiven Testergebnis vor drei Tagen immer wieder lähmt. Sie ist doch erst dreiundzwanzig, will noch frei sein, reisen! Ein Kind durchkreuzt alle ihre Pläne, auch die mit der Zweitausbildung. Wozu hat sie sich denn nach der Lehre noch mit der Berufsmatur abgequält? All die spannenden Studiengänge an der Fachhochschule kann sie sich abschminken, wenn ... Nein, das Kind zu behalten, das geht auf keinen Fall!

Ihre Freundin Liliane hat schon einen Schwangerschaftsabbruch hinter sich, das wusste Sibylle, und das war der Grund, weshalb sie sich mit Liliane heute in der Innenstadt getroffen hat. Sie musste jemanden einweihen. Sibylle weiss nicht, ob sie es noch weiteren Menschen sagen will. Den Eltern eher nicht, die würden bestimmt ausrufen und ihr Vorwürfe machen. Und Beat? Der ist ein lieber Kumpel und zwischendurch geniesst sie seine Zärtlichkeit. Aber ihn zum Vater machen, ihm gestehen, sie habe sich geirrt, sie sei doch schon in den fruchtbaren Tagen gewesen? Unvorstellbar. Und überhaupt, dann wären sie ja gemeinsam Eltern, blieben ein Leben lang über das Kind miteinander verbunden. So viel hat Sibylle bereits in einem Ratgeber nachgelesen: Auch als getrennt lebende Eltern würden sie sich das Sorgerecht teilen und Beat müsste Unterhalt bezahlen. Das wäre auch für ihn eine echte Zumutung.

Erst jetzt schaut Sibylle bewusst in die Auslage des Geschäfts, vor dem sie auf den Bus wartet. Sie weiss nicht, ob sie weinen oder lachen soll: Heiter lächelnde Schaufensterpuppen mit stolzen Bäuchen präsentieren modische Umstandskleider. Sibylle legt sich beide Hände an den Bauch, Luft entweicht aus der Daunenjacke, ausser der Gürtelschnalle spürt sie nichts Hervorstehendes, alles ist schön flach wie eh und je. Es ist ja noch so winzig, dieses beginnende Wesen, beruhigt sich Sibylle. Eine kleine Narkose, und der Schreck hat ein Ende. Hoffentlich kann die Gynäkologin das noch vor Weihnachten erledigen.

Im Aussenquartier, wo Sibylle aufgewachsen ist und seit einem Jahr in einer eigenen, kleinen Wohnung lebt, steigt sie aus dem Bus. Sie hilft der alten Frau vor ihr den Einkaufswagen auszuladen. Der Gehsteig ist mit Eistafeln überzogen, um ein Haar rutscht Sibylle aus. Die Frau dankt ihr überschwänglich und zeigt dann bedeutungsvoll auf die eigenen Schuhe hinunter, die mit schwarzen Gummibändern überspannt sind. «Wir Alten wissen uns zu helfen. Meine Schuhe sind rutschfest dank Spikes, Unfallverhütung!» Sibylle versucht ein anerkennendes Lächeln, es gerät schief. Sie schaut der Frau nach, wie sie behutsam davongeht und denkt bitter: Unfallverhütung, exakt mein Thema.

Wenig später geht Sibylle am Zaun der Johanneskirche entlang und biegt in ihre Strasse ein. Am Gittertor vor der

Kirchentreppe fällt ihr Blick auf ein edles Glasschild, das zuvor noch nicht da war. Es zeigt eine Kirche in blau mit weiten roten Flügeltüren: *Unsere Kirche ist offen, treten Sie ein!* Ohne nachzudenken folgt Sibylle der Einladung, sie liebt diesen stillen Raum, in dem sie schon getauft und konfirmiert worden ist. Es ist überraschend warm darin. Sie erspäht unter der Kanzel das grosse Podest, auf dem wie alle Jahre die Krippenfiguren die Weihnachtsgeschichte erzählen. Sibylle setzt sich auf den nächstgelegenen Stuhl vor diese Bühne und betrachtet die schönen Stofffiguren, die ihr seit der Kindheit vertraut sind.

«Hallo, Sibylle, schön, dich zu sehen.» Die Sigristin tritt mit einem Korb voller Christrosen aus der Seitentür. «Guten Tag, Annemarie.» Die beiden kennen sich näher. Sibylle hat als Jugendliche mehrmals in der Kinderwoche der Kirchgemeinde mitgeholfen und dabei vor allem mit Annemarie in der Küche gewirkt.

Als die Blumen auf dem Taufstein schön arrangiert sind, setzt sich Annemarie zu Sibylle. Stolz bemerkt sie: «Wir haben doch die schönste Krippe weit und breit. Weisst du eigentlich, was das Besondere bei uns in Johannes ist?» – «Die handgefertigten Figuren?», vermutet Sibylle. – «Nein, solche gibt es anderswo in der Stadt auch. Aber wir haben als Einzige noch Jerusalem mitaufgebaut samt Herodes und seinen Beratern. Sieht er nicht bedrohlich aus, dieser König dort? Aus Machtgier hat er die kleinen Knaben aus Betlehem ermorden lassen. Ein schwarzes Kapitel der Weihnachtsgeschichte ..., aber es gehört auch dazu ... Die umfasst das Helle und das Dunkle, die ganzen Widersprüche dieser Welt.»

Sibylle nickt. Annemarie doppelt nach: «Unschuldige Kinder abschlachten ... Dabei ist jedes Kind wie ein Neuanfang der Welt, ein Hoffnungszeichen, etwas noch nie Dagewesenes, das die Welt verändern kann.» – «Bist du eigentlich schon

Grossmutter?», lenkt Sibylle von der Verwirrung ab, die diese Worte in ihr anrichten. «Leider nicht», gibt ihr Annemarie zur Antwort, «die ältere Tochter will keine Kinder und die jüngere möchte gerne, aber sie wird trotz medizinischer Unterstützung nicht schwanger. Das ist sehr schmerzlich für ein junges Paar.» – «Aber ... aber ich bin schwanger», stösst Sibylle hervor, «ungewollt, ungeplant, völlig unpassend. Diese Welt ist wirklich ein einziger grosser Widerspruch!» Als es heraus ist, das spontane Geständnis, von dem sie sich selbst überrumpelt fühlt, sackt Sibylle in sich zusammen und beginnt zu weinen.

Annemarie legt den Arm um die Schultern der jungen Frau und verweilt still neben ihr. Nach einer Weile beginnt sie sanft und wie im Selbstgespräch: «Ich habe mich schon oft mit Maria, die dort hochschwanger auf dem Esel sitzt, unterhalten. Sie macht ja ein Geheimnis daraus, wie sie zu ihrem Kind gekommen ist. Schwanger vom göttlichen Geist? Nein, daran habe ich noch nie glauben können. Ich habe sie schon gefragt, ob sie vielleicht vergewaltigt wurde, oder missbraucht von jemandem, dem sie vertraut hat? Auf jeden Fall ist sie ungewollt schwanger geworden, da bin ich mir sicher. An Josef hatte sie zunächst auch keine Stütze, der wollte ja auf und davon. Und doch hat sie schliesslich Ja gesagt zum Kind, zum Mutterwerden, mitten in der schwierigen Situation, mitten in der düsteren Zeit auch, in der Machthaber wie Augustus und Herodes das Sagen hatten. Und sie hat ihr Lied gesungen, das Magnifikat: *Gewaltige hat er vom Thron gestürzt und Niedrige erhöht. Hungrige hat er erfüllt mit Gütern und Reiche leer davongeschickt*. Sie ist fast noch ein Mädchen gewesen damals, und doch eine mutige Frau. Sie hat grosse Worte gefunden, den Mächtigen den Marsch geblasen. Ich stelle mir vor, dass sie diese Worte ihrem Kind im Bauch abgelauscht hat. Sie hat das Kleine gefragt: Was für ein Kind bist du? Willst du wirklich in diese Welt kommen mit all ihrem Schrecken? Hast du den

Mut, die Energie? Das Kind hat ihr zu spüren gegeben, dass es entschlossen ist.» Annemarie streichelt über Sibylles Rücken. «Das Kind von Maria kam von Gott. Ich denke, dass jedes Kind von Gott kommt. Aus der Zeitlosigkeit fällt es hinein in diese Welt. Jedes Kind bringt die Vision von Frieden und Gerechtigkeit mit.» – «Aber Maria hatte keine Wahl», wirft Sibylle, wieder gefasst, ein, «wegmachen ging damals nicht.» – «Das stimmt, du darfst, du musst entscheiden», nickt Annemarie. «Dann zünde ich jetzt einmal ein kleines Licht an.»

Die Ältere steht auf, tritt hinter die Krippenlandschaft und zündet die Becherkerze an, die neben Maria und ihrem Esel steht. Dann wendet sie sich Sibylle zu: «Ich kann dir deine Entscheidung nicht abnehmen. Ich persönlich würde mir für dein Kind das Leben wünschen. Sicher lassen sich dafür auch Mittel und Wege finden. Aber ich kann es verstehen, wenn du nach allem Abwägen und Prüfen einen Abbruch beschliesst.» Sie schweigt eine Weile nachdenklich, schliesslich macht sie eine umfassende Handbewegung über die ganze Krippe hin: «Betlehem. Immer und überall ist wieder Betlehem, mit allem Hellen und Dunklen, das zum göttlichen Geheimnis dazugehört.»

Schweigend geht Annemarie auf Sibylle zu, die nun ebenfalls aufsteht. Sie umarmt die junge Frau lange, ohne ein weiteres Wort zu sagen, nickt ihr dann wohlwollend zu, greift nach dem leeren Korb und verlässt die Kirche.

Sibylle kniet vor die Krippe hin, die Kerze brennt ruhig. Noch nie hat Sibylle sich bisher als Teil der Weihnachtsgeschichte gefühlt, aber jetzt ist sie mittendrin. Sie weiss weniger als zuvor, was sie nun will oder soll, aber von dieser Krippe geht etwas aus, das ihr Vertrauen stärkt. Sie kann es sich selbst nicht erklären, aber instinktiv weiss sie: In Betlehem liegt ihre Antwort.

Bilderbuchfamilie

Lionel klaubt den Fotochip aus seiner Kamera und schiebt ihn in den Computer. Aufmerksam klickt er sich durch die neuste Bilderserie hindurch. Momentan probiert er die Froschperspektive aus. Die Fotos, die er im Schulzimmer geschossen hat, muss er noch tüchtig aufhellen, aber er findet, dass diese Tisch-, Stuhl- und Menschenbeine von unten cool aussehen. Er hat gar nicht gewusst, dass Frau Tinguely, seine Klassenlehrerin, eine so gewaltige Nase hat. Von unten her betrachtet, sieht sie fast wie eine Hexe aus, obwohl sie überhaupt nicht böse ist, höchstens ein bisschen streng. Es folgen die Bilder von der Pausenhalle. Lionel staunt, wie raffiniert hier Metallträger, Holzdach und Lichtöffnungen zusammengefügt sind; wenn man das nicht dank Kamera aus der Nähe studiert, bekommt man es gar nicht mit. Davon will er mit dem Zoom demnächst noch mehr Aufnahmen machen. Als nächstes begutachtet er die Baumbilder aus dem Wäldchen hinter der Schule, auch sie hat er konsequent himmelwärts erfasst. Das kahle Geäst wirkt wie ein Scherenschnitt, hebt sich gestochen scharf vom blaugrauen Winterhimmel ab. Nur die letzten Fotos, die er auf dem Heimweg ausprobiert hat, als es in grossen Flocken zu schneien anfing, aus denen ist nichts geworden, entweder sind sie ganz unscharf oder dann fleckig, weil das Objektiv nass geworden ist.

Bevor Lionel sich hinter die Hausaufgaben macht, öffnet er den Ordner ‹Familie› und wählt die Datei ‹Korfu›. Im Herbst vor einem Jahr, da war er in der fünften und Pascal in der neunten Klasse, da verbrachten sie dort ihre letzten gemeinsamen Ferien als Familie. Lionel liebt die Bilder vom Aqualand ganz besonders, in dem haben sie sich einen ganzen Tag lang ausgetobt. Auch Mama und Papa lachen auf diesen Bildern, sie sind vergnügt und glücklich. Das kann doch nicht einfach alles weg sein!

Dora und Jürg sind auf der Heimfahrt. Sie kommen vom Elterngespräch, zu dem Frau Tinguely sie ausdrücklich gemeinsam aufgeboten hat. «Wollen wir in der Bar vom ‹Eden› noch einen Schlummertrunk nehmen?», schlägt Jürg vor. Dora schaut ihn von der Seite her an und runzelt die Stirn. «Es gibt doch noch einiges zu bereden und im kalten Auto finde ich das ungemütlich», doppelt Jürg nach. Dora gibt sich zugeknöpft: «Ich finde, was zu sagen war, ist gesagt. Die Wahrnehmung von Lionels Lehrerin leuchtet mir ein, wir haben unseren Jüngeren wirklich vernachlässigt dieses Jahr. Zwar haben wir die beiden Jungs nicht mit unseren konkreten Problemen belastet, haben sie möglichst herausgehalten aus unseren Schwierigkeiten, aber Lionel ist sensibel, der spürt mehr, als wir uns vorstellen können.» Jürg erwidert: «Wir haben die Trennung doch ganz anständig hingekriegt, ohne lauten Streit. Und an den Wochenenden bei mir habe ich ihm recht viel Zeit gewidmet.» – «Ja, ihm und dem PC. Dass er sich jetzt völlig verschliesst und die Welt nur noch durch seine Kamera wahrnimmt, ist dein Verschulden.» Hier nun widerspricht Jürg heftig: «Lionel war schon immer ein Augenmensch. Dass ich ihm die digitale Bildbearbeitung beigebracht habe, fördert doch seine grafische Begabung. Du hast dich ja noch nie viel mit ihm abgegeben, bist nach wie vor mit deinem Beruf verheiratet.» Nun wird auch Dora lauter: «Ich bin eine ernsthafte Spitex-Frau, zugegeben. Aber höre auf mit diesem Verheiratet-Lied, das sagst du bloss als Rechtfertigung für deine Liebschaft. Natürlich, ich bin an allem schuld, mein berufliches Engagement geht mir über alles, darunter litten die Kinder, der Ehemann, der Haushalt … deshalb kam es, wie es kommen musste: Er floh in die Arme seiner Assistentin und die Jungs kapseln sich in ihre Innenwelt ab.» Sie schnauft verächtlich. Jürg schlägt einen versöhnlichen Ton an: «So weit waren wir doch schon. Wir sehen beide ein, dass wir Fehler gemacht haben, ich meine und du deine. Aber jetzt geht es um Lionel und wie wir ihm gerecht werden können. Pascal hat Freunde, einen guten Lehrbetrieb, er kommt besser über die Runden, aber unser stiller Lionel …» Eine Weile schweigen beide. Unterdessen steht das Auto vor dem Reihenhaus still, in dem Dora mit den Jungen wohnt.

Sie fragt noch: «Bist du nun in den Weihnachtsferien da und hast Zeit für Lionel? Ich arbeite in der Altjahreswoche, aber ich könnte ihn auch bei meinen Eltern lassen, wir feiern am Weihnachtstag bei ihnen.» – «Nein, das haben wir doch schon geklärt: Ich hole ihn am Sechsundzwanzigsten zu mir und Pascal lassen wir es offen, ob und wie lange er mitkommen will.» Dora legt ihre Hand auf Jürgs Arm, was er als kleine Friedensgeste deutet. «Also», sagt sie leise, «versuchen wir wenigstens gute Eltern zu sein, wenn wir schon als Ehepaar kläglich versagt haben. Gute Nacht.»

Als Pascal spät abends in Lionels Zimmer hineinschaut, sitzt dieser wieder vor den Korfu-Bildern mit den glücklichen Eltern. Pascal tritt hinter seinen Bruder und lehnt sich an seinen Rücken: «Schon schade, dass es vorbei ist. Aber wahrscheinlich haben sie die gute Laune eh nur noch vorgetäuscht.»

Unvermittelt fragt Lionel: «Warum dürfen Eltern das überhaupt, sich trennen? Warum gibt es kein Gesetz, das ihnen das verbietet?» – «Du kannst ja später Politiker werden und so ein Gesetz vorschlagen», weicht Pascal aus. Er spürt, dass Lionel stärker leidet als er, dass für ihn eine ganze Welt zusammengebrochen ist. «Wir gehören zusammen», sagt Lionel mit leiser, beschwörender Stimme. – «Mama und Papa werden jemand anderen finden, den sie lieben, und dann haben wir eben zwei Familien, gar nicht so schlecht», gibt Pascal zu bedenken. «Ich habe mehr Freunde mit geschiedenen Eltern als mit solchen, die zusammengeblieben sind. Das ist also ziemlich normal.» Lionel schüttelt den Kopf: «Ist mir egal, was andere machen. Wir gehören einfach zusammen, du wirst sehen!» Pascal schweigt. Er wagt seinem Bruder nicht einzugestehen, dass er längst davon träumt auszuziehen, allerspätestens nach dem Lehrabschluss. Nach ‹ewigem Zusammengehören› ist ihm persönlich nicht. Er will selbständig werden und weg aus dieser zerrissenen Familie. Fast mitleidig betrachtet er Lionel, der die Flucht nach vorn noch lange nicht antreten kann.

Als Jürg am Tag nach Weihnachten seine Söhne abholen kommt, fängt Lionel ihn gleich an der Türe ab und zieht ihn ins Wohnzimmer, wo er ihm unbedingt etwas Wichtiges zeigen will. Jürg betrachtet erstaunt den Weihnachtsbaum, der mit roten Kugeln, ebensolchen glänzenden Äpfeln und mit roten Metallgirlanden geschmückt ist: «Hat hier jemand einen Rot-Anfall gehabt?» – «Rot ist die Farbe der Liebe …, passt doch zur Weihnacht», gibt Lionel zurück, «habe ich alles selbst aufgehängt!» Aus dem oberen Stock ruft Dora: «Lionel, du wolltest doch noch den neuen Trainingsanzug mitnehmen?» – «Komm herunter, Mama», ruft Lionel zurück, «jetzt gibt es Bescherung!» Erst jetzt sieht Jürg, dass noch ein letztes Geschenk einsam unter dem Baum liegt. Dora kommt herbei, grüsst ihn mit einem Nicken und erklärt entschuldigend: «Dieses Weihnachtsgeschenk ist Lionel ganz wichtig, er besteht darauf, dass wir es gemeinsam auspacken, weil es für uns beide bestimmt sei.» – «Und dazu müsst ihr euch jetzt zusammen auf das Sofa setzen», ordnet Lionel eifrig an. Als alles zu seiner Zufriedenheit arrangiert ist, legt er dem Vater das flache Paket auf den Schoss. Der wendet es hin und her und begutachtet es von allen Seiten. «Mach es schon auf!», spornt sein Sohn ihn an. Ein Fotoband kommt zum Vorschein mit lauter Bildern, auf denen Jürg, Nora, Pascal und Lionel in wechselnden Formationen zu sehen sind, auffällig oft hat Lionel seine Eltern zusammen abgelichtet. «Aber halt!», wendet Jürg plötzlich ein, «das hier sind Osterbilder vom Bodensee ... Die Radtour haben wir aber ohne Mama gemacht! Warum ist sie hier mit drauf?» Auch Nora entdeckt eine Unmöglichkeit: «Beim Ausflug auf den Weissenstein war doch Götti Beat dabei. Lionel, wie kommt denn Papa hier aufs Bild?» Langsam geht ihnen ein Licht auf. Fast andächtig blättern sie Seite um Seite von Lionels Werk um und bestaunen mit wachsender Anerkennung seine Fotomontagen.

«Es war übrigens sehr schwierig», Stolz schwingt in Lionels Stimme mit, «vor allem Mamas Haare wollten immer so abgeschnitten aussehen ... wie bei einer Perücke.» Die Eltern sind gerührt, sie spüren auf jeder Buchseite die grosse Sehnsucht, die Lionel mitverarbeitet hat. Schliesslich legt Jürg das Werk beiseite und breitet ohne Worte die Arme aus. Sein Sohn lässt sich vorwärts fallen und umfasst Mutter und Vater gleichzeitig. Als Pascal in der Türe auftaucht und fragt, was denn da abgehe, öffnet Lionel die Umarmung einen Spalt breit und winkt Pascal herbei: «Komm in die Lücke, sonst verpasst du etwas!»

Schwarzweiss

«Hört euch das an! Was die Leute wieder alles zu verschenken haben», staunt Manuel am Frühstückstisch. Wie seine Eltern ist auch er über einen Teil der Zeitung gebeugt. Seine jüngere Schwester daneben ist mit Handy-Lektüre beschäftigt, frühmorgens sind für sie die neuen Beiträge im Klassenchat am wichtigsten. Manuel zitiert laut seine Lieblingsrubrik: «Heute gibt es gratis ein Bügelbrett, eine Tasche voller Western Comics, Walkingstöcke, einen Gummibaum und einen Schneebob mit Lenkrad.» – «Immerhin wollen diese Menschen ihre Sachen lieber weiterschenken, statt sie wegzuwerfen. Es gibt immer jemanden, der sie noch gebrauchen kann», nickt Lea ihrem Sohn zu. «Und, was nimmst du heute? Das Bügelbrett? Oder doch eher die Comics?» – «Kein Bedarf», gibt Manuel zurück, «und fürs Wohnheim ist leider auch nichts Brauchbares dabei.»

Manuel steckt im letzten Ausbildungsjahr zum Fachmann Betreuung. Sein Lehrbetrieb ist ein Wohnheim für Demenzkranke. Der junge Mann hat sich schon immer für Menschen erwärmt, die anders ticken. Er findet seine Patienten gerade ihrer Einschränkungen wegen spannend. Mit Geduld und Neugier beobachtet und begleitet er ihre Veränderungen und kennt keine Berührungsängste.

«Manuel, bitte frag doch rasch per SMS an, ob der Schneebob noch zu haben ist», fordert ihn seine Mutter auf, «ich habe da so eine Idee ...» Lea arbeitet freiwillig in der Asylunterkunft oberhalb des Dorfes mit. Vor ein paar Monaten zogen Flüchtlingsfamilien ins ehemalige Lagerhaus der Naturfreunde. Lea betreut an zwei Nachmittagen in der Woche die kleineren Kinder im Spielzimmer, das sie dort mit vier anderen Frauen aus der Kirchgemeinde eingerichtet hat. Die Mütter aus Eritrea und Syrien sind nicht gewohnt, mit ihren Kindern zu spielen. Zudem haben sie ausreichend damit zu tun, sich im ungewohnten Alltag und Zusammenleben zurechtzufinden. Lea weiss auch, dass viele der Frauen durch schlimme Fluchterlebnissen belastet sind. Ihnen ist die Leichtigkeit abhandengekommen, die ihre Kleinen jetzt so dringend brauchten. Kinder vergessen rascher. Lea ist immer wieder erstaunt, wie unkompliziert sich diese in der sicheren Umgebung bewegen und wie sehr sie die freundliche Begleitung geniessen.

«Das ging aber fix, Mam. Hier kommt schon die Bestätigung: Der Schneebob ist in Oberhofen abholbereit, wir sind die ersten, die sich dafür interessieren. Aber», wendet sich Manuel direkt seiner Mutter zu, «was willst du denn mit diesem Schlitten anstellen? Bella und ich sind wirklich schon etwas zu gross für solche Rutschpartien ... und Schnee ist auch keiner angesagt.» – «Doch», mischt Bella sich ein, «es wird demnächst bis in die Niederungen schneien, habe ich gestern am Radio gehört. Dieses Jahr gibt es garantiert weisse Weihnachten!» – «Umso besser für meinen Einfall», freut sich ihre Mutter. «Ich stelle mir vor, dass sicher auch noch andere Leute einen Schneebob in der Garage haben, aus dem ihre Kinder herausgewachsen sind. Im Asylheim haben wir einundzwanzig Kinder, die würden sich enorm über so einen Untersatz zu Weihnachten freuen – erst recht, wenn dann Schnee liegt!»

Manuel realisiert sofort, worauf seine Mutter hinaus will: «Du meinst, ich solle in der Rubrik ‹gratis gesucht› den Aufruf platzieren, uns weitere Schneebobs zu melden?» Manuel tippt sogleich den Text ein und streckt das Handy seiner Mutter entgegen, damit sie ihn durchlese. «Gut, habe ich letzte Woche die Autoprüfung gemacht», freut sich Manuel. «Sobald Angebote eingehen, hole ich nach Feierabend die geschenkten Bobs ab. Einverstanden, Papa?» Der Angesprochene nickt.

Am zweiten Tag nach Weihnachten hört es auf zu schneien. Die Landschaft strahlt hell und weiss, sie wirkt unter der dicken Schneedecke wie weich wattiert. Die Wolken reissen auf, stahlblauer Himmel wird sichtbar. Durch die Lücken zaubert die Sonne vereinzelte Lichtinseln auf die stille Pracht. An der Hauswand des alten Naturfreundehauses stehen in Reih und Glied Schneebobs in allen Farben und Formen. Drinnen helfen Lea, Manuel und Bella den Müttern, die Kinder in ebenso bunte Anoraks zu stecken und schneetauglich zu machen.

Endlich sind alle Kinder ausgerüstet und verlassen das Haus, gefolgt von den Flüchtlingsfrauen, die in ihren Hausschuhen auf der trockenen Terrasse bleiben. Manche Kinder zögern, sie trauen sich nicht so recht in das glitschige Element hinaus, andere purzeln sogleich herzhaft in die weiche Fülle. Manuel zeigt ihnen, wie es geht. Er johlt, während er ein paar Mal den kleinen Hang hinunter fährt und eine gute Bobpiste anlegt, die für die Kinder ungefährlich ist.

«Buruk, Tulu!», ruft er dann die beiden eritreischen Buben, die neben der Terrasse schon ganz sehnsüchtig mit ihren Bobs warten. Manuel hilft dem Grösseren aufsitzen und kniet selbst hinter ihm drauf. Fürsorglich begleitet er Tulu auf seiner ersten Fahrt. Als sie in der Senke unten von selbst zum Stillstand kommen, steht der Junge flink auf, packt die Zugschnur des Gefährts und stapft begeistert mit dem Bob den Hügel hinauf, um das Abenteuer zu wiederholen. Bella ruckelt mit der fünfjährigen Ayana ganz langsam vorüber, die Kleine misstraut der Sache noch und bedient ausgiebig die Bremsvorrichtung, doch die anderen Kinder jubeln und feuern sie an. Buruk wackelt von einem Bein aufs andere vor lauter Ungeduld, bis Manuel wieder oben ankommt. Nach einer kleinen Einführung ist der Junge hell begeistert und auch er wagt sich allein auf die Piste. Er kreischt bei jeder Talfahrt und kann gar nicht genug kriegen vom Temporausch.

Bella und Manuel haben alle Hände voll zu tun: Sie helfen auf die Beine, putzen Nasen, schütteln nasse Handschuhe aus. Sie zeigen den Kindern auch, wie man sich rücklings in den Schnee plumpsen lässt, um mit wippenden Armen und Beinen einen ‹Engel› zu formen.

Als Manuel sich eben von einem solchen aufrappelt, steht unvermittelt ein Ehepaar vor ihm. Das ältere Paar ist mit seinem Hund auf dem Wanderweg unterwegs, der durch die Senke führt. Der spielenden Kinder wegen hat es seinen Riesenschnauzer an die Leine genommen. Einige kommen bereits herbeigestampft, um den Hund aus der Nähe zu bestaunen, ein so zotteliges Tier, über und über mit Schneeklumpen behängt, haben sie wohl noch nie gesehen.

Der Mann vor Manuel weist mit dem Zeigefinger auf die dunklen Kinder im Schnee und fragt stockend: «Is this … your first time … I mean, you didn't know snow before?» Manuel lacht und in seinem dunklen Gesicht blitzt eine Reihe weisser Zähne auf. In breitem Berndeutsch erwidert er: «Nenei, mit Schnee kenn i mi scho länger uus!» – «Aber», stottert der Mann, «ihr seid doch diese Asylantenkinder …» – «Es gibt hier verschiedene Biografien», erwidert Manuel freundlich. «Ich zum Beispiel komme ursprünglich aus Brasilien. Mit vier Jahren wurde ich von meinen Schweizer Eltern adoptiert.»

Tulu zupft an Manuels Hosenbein und deutet scheu auf den Hund. «Er heisst Mickey», erklärt die Frau und kauert in den Schnee. Sie fasst nach Tulus Hand und führt sie sanft hinter Mickeys Hängeohren. Erst reisst der Junge erschrocken die Augen auf, doch bald streicht er sichtlich stolz über den Rücken des Tiers, das fast ebenso gross ist wie er selbst. «Hund», die Frau deutet auf Mickey und lächelt das Kind an. «Und … Und … Und», wiederholt Tulu. Er zeigt dann seinerseits auf seinen Schlitten und sagt: «Winnaggt … Tulu … Booob!»

Evas Sorgenbündel

Vorsichtig tastet sich Eva den schmalen Pfad zum Fluss hinunter. Auf der Halbinsel ragen die Pappeln still und reglos in den Himmel. Sie setzt sich auf ihre Lieblingsbank am Ufer und nimmt das grosse Schweigen dieser besonderen Nacht wahr. Kein Rauschen des Windes, keine einzige Vogelstimme, kein Gewisper der silbernen Blätter über ihr, von dem sie sich an Sommerabenden so gern einlullen lässt. Nur Stille. Und dieser nimmermüde Fluss, der schwarz und unergründlich vorüberzieht. Den lässt selbst Heiligabend ungerührt, der erwartet nichts, warum sollte er auch, denkt Eva, der verspürt keine Sehnsucht, braucht nicht gerettet zu werden.

Die Sitzbank ist eisig kalt, Eva fröstelt und schiebt sich die lange Jacke noch besser unter. Bloss nicht daran denken, dass ich friere, sonst rückt mir Frau Zengg auch hier noch auf die Pelle und drängt mir eine wollene Decke auf.

Frau Zengg ist Evas Vermieterin, sie ist verwitwet und kümmert sich intensiv um ihre zwei Mietparteien. Der alleinstehende, ältere Krankenpfleger im ersten Stock hat unregelmässig Dienst und weiss sich auf derart geschickte Weise von der neugierigen Hausbesitzerin im Parterre abzugrenzen, dass es Eva ganz neidisch macht. Sie selbst ist vor zwei Jahren in die grosszügige Wohnung unter dem Dach eingezogen, als sie im Städtchen eine Stelle als Lehrerin bekam. Dass Frau Zengg jüngst die Frechheit besass, in der Waschküche ihre trockene Wäsche von der Leine zu nehmen und in den vorgesehenen Korb zu stapeln ... Eva verzieht das Gesicht. Sie kann es nicht ausstehen, dass sie von Frau Zengg beobachtet und ungeheissen bemuttert wird. Sie hat Verständnis für das Gesprächsbedürfnis der alten Frau, die kinderlos und seit Jahren verwitwet ist. Eva kann ihre Einsamkeit nachvollziehen, dennoch versucht sie sich bedeckt zu halten. Sie kann doch nicht als deren Familienersatz herhalten! Nun wird die anlehnungsbedürftige Frau immer zudringlicher. Frau Zengg passt sie ab, kennt ihren Stundenplan mittlerweile so gut, dass Eva sich gezwungen sieht, ihren Unterricht im Schulhaus vorzubereiten, um später irgendwann unbemerkt ins Haus zu schlüpfen.

Heute aber, am 24. Dezember, dem ersten Tag der Weihnachtsferien, hat Frau Zengg den Bogen schlicht überspannt. Schon morgens um neun klingelte sie bei Eva Sturm, bloss um sie mit einem unappetitlichen Christstollen zu überfallen. Als Eva ihr schliesslich widerwillig im Morgenmantel die Türe öffnete, musste sie sich auch noch den spitzen Vorwurf gefallen lassen, sie habe ihre Wohnung gar nicht richtig weihnächtlich geschmückt und ob sie sich dieses Jahr kein Bäumchen gönne. Die spazierte doch tatsächlich bei ihr herein, schnüffelte herum, spionierte alles aus. Halb ist Eva empört, halb hat sie schon resigniert.

Eva hört den Glockenschlag der grossen Kirche; erst Viertel nach zehn, sie ist noch viel zu früh für die Christnachtfeier um elf. Aber statt in den Fluss zu starren und an ihren Sorgen herumzukauen, könnte sie sich trotzdem schon auf den Weg zur Kirche machen, an der Wärme auf die Feier warten, zuschauen, wie die Kerzen am Baum angezündet werden und immer mehr Menschen den Raum bis auf den letzten Platz füllen. Bleibt nur zu hoffen, dass Frau Zengg sie nicht auch dort noch aufspürt und bedrängt.

Da raschelt es hinter Eva und ein Mann, dessen Gesicht sie in der Dunkelheit nicht erkennt, setzt sich ungefragt neben sie auf die Bank. Sein Alter ist schwer abzuschätzen, Wollmütze trägt heute jeder. Evas Herz schlägt bis zum Hals: Eine schneelose, dunkle Winternacht am Fluss, da kann ein Mann einer Frau so ziemlich alles antun … Obwohl sie sich verzweifelt dagegen wehrt, überfallen Eva die grausigsten Fantasien.

«Keine Panik, Eva, ich bin es», beruhigt Silvan sie. Zu ihrer grossen Erleichterung ist es nur der Pflegefachmann aus der Wohnung unter ihr. «Ich bin dir gefolgt, weil … ich irgendwie das Gefühl hatte, es sei nötig.» Eva schüttelt nur den Kopf und bleibt stumm. «Darf ich dir eine kleine Geschichte erzählen? Sie stand gestern im Adventskalender meiner Abteilung und wird heute Nacht vielleicht deine Geschichte …», fragt Silvan vorsichtig.

Eva seufzt hörbar. Soll sie sich nun freuen über so viel unerwartete Zuwendung oder ist hier schon wieder ein Übermass an Fürsorge im Gang? Wirkt sie dermassen schutzbedürftig?

Silvan wertet ihr Schweigen als Zustimmung und beginnt ohne weitere Umschweife zu erzählen: «Es gab einmal ein Erdbeben. Sehr viele Menschen starben und landeten vor der Himmelspforte. Petrus schloss auf und bat erst einmal alle in die Vorhalle herein. Er hiess sie, das Sorgenbündel, das jede und jeder trug, auf den Boden abzusetzen und es sich bequem zu machen, hier oben dürften sie ganz unbeschwert sein. Dann griff Petrus zum grossen Buch, in dem alle verzeichnet sind. Doch bald runzelte er die Stirn, schüttelte den Kopf und liess seinen Blick über die Menge der Neuankömmlinge gleiten. Es tue ihm unendlich leid, sagte er zu den Menschen, aber da sei dem Himmel ein Fehler unterlaufen. Für sie sei es nämlich noch gar nicht an der Zeit, dass sie sterben sollten. Sie müssten sofort wieder zurück auf die Erde. Immerhin gebe es für die Umtriebe eine kleine Entschädigung. Jede und jeder dürfe ein beliebiges aus den herumstehenden Sorgenbündeln auswählen und mit hinunternehmen, es brauche nicht das eigene zu sein. Es gab ein kurzes Gerangel unter den Anwesenden, jede und jeder schnappte sich sein eigenes Sorgenbündel. ‹Hände weg, das gehört mir! Das ist meins!›»

Dann bleibt es still auf der Bank am Flussufer. Eva lauscht der Geschichte nach. Die Stille ist wohltuend. Sie ist Silvan dankbar, dass er sie nicht mit weiteren Erklärungen behelligt. In diesem Moment setzen die Glocken der Kirche ein. Heiligabend, heilige Nacht, denkt Eva, geht da nicht denen, die im Finstern sitzen, ein Licht auf? Es raschelt erneut neben ihr, Silvan ist aufgestanden und macht sich nach einer angedeuteten Verbeugung wortlos davon.

Auch Eva richtet sich auf. Nach einer Weile sagt sie laut und mit einer Klarheit, die sie selbst überrascht: «Ade Sorgenbündel. Ade Frau Zengg. Ich werde kündigen! So einfach ist das.» Ihr Kopf fühlt sich frei an und ihr Herzraum ist weich und gelöst wie schon lange nicht mehr. Lächelnd stapft Eva die Böschung hinauf in Richtung Kirche.

Engelstraining für die rechte Hirnhälfte

«Ist Chiara schon weg?» Die Enttäuschung steht Max ins Gesicht geschrieben. Er schält sich aus der Winterjacke, setzt sich zu Samuel an den Küchentisch und giesst sich ungefragt vom Tee ein, der im Krug vor sich hin dampft. «Und, wann kommt sie wieder?»

Samuel zieht die Schultern hoch: «In zwei, drei Wochen, denke ich … Wenn sie schon einmal in Berlin ist, hängt sie vielleicht noch ein paar Freitage daran.»

Chiara arbeitet als freie Cutterin, sie muss jeden Auftrag nehmen, den sie kriegen kann. Eben hat sie die Chance wahrgenommen, einem jungen Regisseur bei der Herstellung seines ersten Dokumentarfilms behilflich zu sein, «Sehnsuchtsfalle Berlin» soll das Werk heissen. In der Wohngemeinschaft ist ihre Abwesenheit deutlich spürbar, Max und ihr Freund Samuel mögen sich zwar, aber der Schwung für gemeinsame Tischrunden oder Aktivitäten geht meistens von ihr aus.

«Vielleicht ist es aus zwischen uns … ich weiss nicht …», gibt Samuel tonlos von sich, seine Augen sind auf die Kerze im Teewärmer gerichtet. Max weiss nicht recht, ob dieses Geständnis überhaupt für seine Ohren bestimmt ist. «Sie hat zuletzt noch gesagt, sie könne keinen lieben, der nur eine linke Gehirnhälfte besitze.»

«Was wollte Chiara denn damit sagen?», hakt Max ein. Seine Frage ist aber keine echte, er versteht sehr wohl, was

Chiara an ihrem Freund stört. So klug und selbstbewusst Samuel ist, so zielstrebig und gut strukturiert, wie diese IT-Menschen eben sind, so sehr fehlen ihm einfühlsame oder spontane Züge.

«Sie hält mich für einen üblen Narzissten ... und irgendwie hat sie ja Recht damit.»

Darauf entgegnet Max nun erst einmal nichts. Wieso sollte er? Er teilt Chiaras Urteil. Aber dann tut ihm sein Wohnpartner doch leid. Er will Samuel nicht ins Elend seiner Selbsterkenntnis abstürzen lassen. Wozu studiert er denn im Nebenfach Psychologie? Jetzt ist Anwendung gefragt. «Kumpel», sagt Max daher aufmunternd zu Samuel, «mir scheint, da gibt es noch einen leisen Hoffnungsschimmer. Was du jetzt brauchst, ist ein Intensivtraining für deine verkümmerte rechte Hirnhälfte!»

Bei diesem Vorschlag wird Samuel augenblicklich hellwach. Sein Blick heftet sich so klar und bereitwillig hilfesuchend an Max, dass dieser erschrickt und zurückweicht. Max realisiert: Ah, so ernst ist es dem smarten Samuel mit der Liebe. Immerhin realisiert er, welch wundervolle Frau Chiara ist. In Gedanken gesteht Max sich ein: Wenn ich die gekriegt hätte, würde ich sie auch um nichts in der Welt wieder hergeben. Sein Blick fällt auf das grosse Filmplakat, das Chiara in der Küche aufgehängt hat, und da geht ihm auch schon auf, was seinem WG-Kollegen konkret helfen könnte. In Schwarz-Weiss steht dort ein nachdenklicher Bruno Ganz in dunklem Mantel hoch über einer Dachlandschaft, hinter seinen mächtigen, hellen Flügeln wölbt sich trist und grau der Himmel von Berlin. Engelstraining, das könnte wirken ...

Heute ist Samuel bereits den dritten Abend als «Engel» in der Stadt unterwegs. Der Kragen seines ausgebeulten Mantels, den er am Vortag in der Brockenstube der Heilsarmee erstanden hat, kratzt ihn am Kinn, der muffige Geruch sticht ihm in die Nase. Aber Engel haben doch gar keinen Geruchssinn, redet er sich gut zu.

Eine junge Frau schlendert an Samuel vorüber, die Hände tief in ihre Jackentaschen vergraben. Er hängt sich an ihre Fersen, schliesst dicht auf, neigt seinen Kopf vor, so dass er sie beinahe an der Schulter berührt. Er ist ein «Engel», er will ihren Gedanken lauschen. Doch bevor er sich in ihr Selbstgespräch hineinhören kann, wendet sie sich um und heisst ihn in scharfem Ton zu verschwinden. Er entschuldigt sich mit einer kleinen Verbeugung und nimmt die Hitzewelle einer heftigen Adrenalinausschüttung wahr. «Gar nicht so einfach, sich jemandem anzunähern, um dessen inwendigen Monolog mitzukriegen, wenn man sichtbar ist», seufzt Samuel.

Er denkt: Dann eben der nächste, aber mit etwas mehr Abstand. Ein Mann in mittleren Jahren kommt ihm entgegen, selbstsicher, aufrecht, mit zackigem Schritt. Samuel macht auf dem Absatz kehrt und folgt ihm. Was der denkt, ist ja wohl klar: Ich bin der Beste, ich packe es, ich erobere jede, die Konkurrenz ist bereits am Winseln … Samuel stockt, bleibt stehen, runzelt die Stirn. Das habe ich doch nun nicht wirklich gehört? … Ich habe es mir selbst ausgedacht … Peinlich, das trifft eher auf mich selbst zu.

Ein beleibter Mann mit Gehstock lenkt Samuel ab. Endlich ein ungefährlicher Kandidat, freut er sich. Unauffällig geht Samuel wenige Schritte hinter ihm her. Wahrscheinlich plagen diesen Mann Gedanken darüber, wie ihm das Gehen früher leicht gefallen ist, er hadert mit seinem Tempo, mit seinen Schmerzen. Vielleicht lebt er allein, wurde schon vor langer Zeit verlassen und hat nicht den Mut, nochmals eine Frau anzusprechen. Ein einsamer, verbitterter Mensch im letzten Lebensabschnitt, vor dem grossen Abgang, malt Samuel sich aus. Aber halt, vor dem Blumenladen bleibt der Alte stehen und wenig später tritt aus der Tür seine Frau. Sie hängt sich fürsorglich bei ihm ein, bringt ihn mit einer Bemerkung zum Lachen und die beiden entfernen sich überraschend beschwingt. Samuel kratzt sich am Kopf. Ihm kommt es vor, als spucke die linke Hirnhälfte ungefragt Beobachtungen aus, während die rechte noch immer im Tiefschlaf ruht.

Samuel weiss schon, was Max ihm entgegnet, wenn er ihm spät am Abend seine Eindrücke rapportieren wird: Einfühlung und Intuition unternull. Du bist wahrscheinlich doch ein hoffnungsloser Fall.

Samuel drückt sich in die Ecke der glasverkleideten Tramhaltestelle, um sich etwas vor der Bise zu schützen. Heute ist bereits der vierte Advent und die Stadt übervoll mit Menschen, die den Sonntagsverkauf für ihre letzten Besorgungen nutzen. Er selbst ist, er glaubt es kaum, bereits zum zwölften Mal als Engelschüler auf der Strasse. Dies ist seine letzte Tour. Langsam, aber sicher reicht es. Samuel hat genug. Gleichzeitig ist er immer noch fasziniert von seiner Einübung ins Lauschen und Einfühlen. Ein Lächeln umspielt seine Lippen. Max hat ihm am Vorabend ein riesiges Kompliment gemacht. Viel ruhiger, entspannter und neugieriger wirke er, viel interessierter und kommunikativer. Trotz fröstelnder Glieder geht bei dieser Erinnerung eine warme Welle durch Samuel hindurch.

Als er aufschaut, steht vor ihm ein Mann mit Pferdeschwanz und Zigarette, an der er gierig zieht. Unwillkürlich streckt sich Samuel etwas in seine Richtung vor. Der andere scheint den forschenden Blick auf sich zu spüren, wendet sich um und schaut Samuel, der ihn neugierig anstarrt, direkt ins Gesicht. In diesem Moment erfasst Samuel unmittelbar, was der andere denkt: Was blickst du so? Du siehst ja, dass ich Probleme habe. Meine Hände zittern. Was ich mit ihnen auch anfasse, scheint in Brüche zu gehen. Du bist der Erste seit langem, der mich anschaut. Die meisten sind mit sich selbst beschäftigt. Danke, dass du nicht wegschaust. Ich kann etwas Aufmunterung von Mann zu Mann gebrauchen.

Das Tram hält, der Mann wendet sich ab, drückt im nächsten Aschenbecher hastig die Zigarette aus und steigt ein. Samuel schaut verwundert zu, wie die Strassenbahn Fahrt aufnimmt und vorübergleitet. Was war denn das? Das hat er sich doch nicht alles nur eingebildet? Der andere hat keinen Ton von sich gegeben, und doch haben sie beide miteinander gesprochen. Er hat sich echt interessiert für diesen Mann mit den zitternden Händen und ihm Kraft gewünscht … und das ist beim Gegenüber angekommen.

Samuel richtet sich auf und atmet durch. Er spürt eine enorme Sehnsucht nach Chiara, die gegen Abend eintreffen wird. Das war nicht zu erwarten, denkt er bei sich, dass mir dieser Advent ohne sie derart viel Spass … nein, nicht Spass, vielmehr: Freude machen würde. «Wirklich wahr», sagt Samuel leise zu sich selbst, «ich habe meine Freude an den Menschen entdeckt … an all diesen fremden Menschen hier.»

Als Chiara aus dem Zug steigt, eilt Samuel auf sie zu und nimmt sie stürmisch in die Arme. «Was soll das Geschenkband hier?», fragt Chiara lachend, als sie die rotglänzende Schleife an seinem Hals entdeckt.

«Die hat Max mir umgebunden», erklärt Samuel, «weil ich heute ein Geschenk für dich bin, ein neuer Mann sozusagen, einer, der in der Zwischenzeit erfolgreich an seiner Hirnbalance gearbeitet hat.»

Chiara lacht und zerzaust ihm erst liebevoll das Haar, dann umfasst sie mit beiden Händen ruhig sein Gesicht: «Da bin ich aber gespannt, mein Liebster. Lass hören, wie du das angestellt hast …»

Fliehkräfte

Es schneit in grossen, fetzenförmigen Flocken. Der Wald liegt unter hohem Schnee und scheint zu schlafen. Nils kommt es vor, wie wenn der Himmel der Welt ein grosses Schweigegebot auferlegt hätte. Werde ich nächstes Jahr wirklich schon fünfzig, fragt er sich. Ein beunruhigender Gedanke. Und sollte man dann eigentlich nicht mit beiden Beinen fest im Leben verankert sein, angekommen auf der ruhigen Höhe, auf der man noch ein paar gute Jahre lang die Ernte einfahren kann?

Die feinen Äste im Unterholz biegen sich weich und wehrlos unter der weissen Last. Wenn Nils die Zweige streift, die in den schmalen Pfad hängen, lassen sie ihre Schneelast fallen und schnellen in die aufrechte Position zurück, wo sie sanft wippen und sich bereits nächste Flockenfetzen an sie heften.

«Auf diese Ernte warte ich wohl vergeblich», seufzt Nils leise in die Kapuze, die tief in sein Gesicht hängt. «Das war das Privileg unserer Vorväter: Ihr Leben entfaltete sich noch organisch bis ins reife Mannesalter. Auf dem Zenit durften sie dann als anerkannte Familienpatriarchen ein oder gar mehrere Jahrzehnte die Geschicke der Sippe bestimmen. Tempi passati.»

Nils ruft laut nach Sicco, dem Sennenhund der Familie. Nichts rührt sich im dick wattierten Wald. Hat der Hund irgendeine Fährte aufgenommen? Oder ist Sicco bereits umgekehrt, weil er so lange keine Notiz von ihm genommen hat? «Es passt zum Rest», stöhnt Nils. «Mein Leben steckt neuerdings in einer grossen Zentrifuge, die Fliehkräfte nehmen überhand. Alles entgleitet mir, wird weggeschleudert ... Nicht einmal der treue Sicco hält es mehr neben mir aus.» Enttäuscht geht Nils weiter. Dann wird er die Spazierrunde vorbei am grossen Findling eben alleine drehen. Nach Hause lockt ihn eh nichts. Dort hängt Marion herum, nach dem Fondue Chinoise schon deutlich angetrunken. Vielleicht will sie später nicht einmal mehr die Kerzen am Bäumchen anzünden. Der Heiligabend sei ohne Yannick ja doch kein richtiger, ohne Kind brauchten sie gewiss keinen Aufwand zu betreiben, hat sie gemeint.

Nils überlegt: Sie wollten doch mit Yannick noch skypen am späten Abend, die sieben Stunden Zeitverschiebung bis Mexiko überbrücken, wohin er gleich nach der Lehrabschlussprüfung im Sommer aufgebrochen ist. Sie haben ihn zurückerwartet auf Weihnachten, aber er jobbt und reist, hat kaum mehr Mühe mit seinem anfänglich dürftigen Spanisch. Deshalb meldete er nach Hause, er wolle seine neugewonnene Freiheit nicht so rasch aufgeben.

«Den Traum hegte ich auch einmal», murmelt Nils, «aber es gab immer Gründe, die mich am Aufbruch hinderten. Und demnächst kann ich schon das 25-Jahr-Jubiläum im selben Betrieb feiern.»

Etwas fährt Nils in die Kniekehlen. «Sicco, lernst du es denn nie, normal zu bremsen!», tadelt er den über und über mit Schneeklumpen behängten Hund. Aber die Schelte ist keine ernsthafte, Nils ist erleichtert, dass der Hund zu ihm zurückgekehrt ist. Sicco schmiegt sich an sein Bein, was Nils zunächst als Friedensangebot deutet, erst als der Hund seltsam jaulende Töne von sich gibt, begreift er, worauf ihn sein Begleiter aufmerksam machen will. Wenig weiter vorn, wo der Fussweg in die breite Waldstrasse einmündet, stehen drei Rehe. Gespannt heben sie den Kopf und lauschen reglos, ob Gefahr droht und Flucht angesagt ist. Nils bückt sich, fasst nach Siccos Halsband und legt beschwichtigend den Arm um ihn. Der Hund setzt sich und schaut gebannt auf die scheuen Tiere, aber macht keine Anstalten, sich ihnen nähern zu wollen. Tierfrieden, denkt Nils, an Heiligabend herrscht Tierfrieden. Da rutscht eine grosse Ladung Schnee von einer der hohen Tannen und löst im Fallen weitere Entladungen aus. Als die dichte Wolke zerstiebt ist, sind die Rehe nicht mehr da, nur der Zauber der leisen Begegnung liegt noch in der Luft.

Nils nimmt Sicco an die Leine. Bald gelangen sie zum massiven Findling, dem Lieblingsfels aller Kinder aus dem Dorf. Am Unterstand der Waldspielgruppe gleich daneben hängt eine Laterne. Nils tastet und wird auf einem erhöhten Brett fündig: Streichhölzer. Er zündet den Kerzenstummel im Gehäuse an.

Nils duckt sich unter das Dach und schiebt sich die Kapuze vom Kopf. Er betrachtet die Flamme und spürt die Ruhe, die von ihr ausgeht. Sie zieht seinen Blick an, bündelt seine Aufmerksamkeit vollständig. Eine kleine Weile lang wird sie für ihn zum Mittelpunkt der Welt.

«Einfach nur so ein Licht», brummt er, «und doch so viel Kraft … so viel Ausstrahlung. Gesammelte, konzentrierte Kraft … Ich selbst bin es, der gegenwärtig wie verzettelt und friedlos lebt, der nicht zur Ruhe kommt, der hierhin und dorthin eilt … Nie bist du da, wirft Marion ihm vor. Und sie hat Recht, sogar wenn ich da bin, anwesend, daheim, bin ich nicht wirklich da, nicht im Hier und Jetzt, nicht bei ihr. Das ist dein Geheimnis, Kerze, dass du einfach nur da bist, schlicht und leise, in der Mitte, wo alles zusammenkommt und ruht. Und du sagst mir, ich solle auch in mir das Licht wieder anzünden, meine Mitte suchen, ablassen vom dauernden Fliehen, von diesem Gehetzt- und Getriebensein.»

Als Nils heimwärts stapft, ist ihm ganz weihnächtlich zumute. «Du hast mich erwischt», gesteht er und wundert sich darüber, dass er in dieser Nacht sogar wieder mit Gott zu reden beginnt. «Du hast mich schön erwischt. Ich gehe seit langem nicht mehr zur Kirche und gehöre zu denen, die behaupten, dir im Wald genauso gut begegnen zu können wie in einem heiligen Bauwerk oder während einer Feier. Aber erst jetzt habe ich gemerkt, dass du wirklich da bist. Da, im Wald, bei mir.»

«Nicht wahr», wendet er sich Sicco zu, «wir beide haben es nicht gewusst, aber es hat uns eingeleuchtet ... Uns ist ein Licht aufgegangen.» Der Sennenhund nimmt einen übermütigen Sprung in die Büsche und wirbelt Schnee auf. Nils hingegen setzt bedächtig Fuss vor Fuss auf den unberührten Weg.

Ein abgestürzter Engel

Stella stapft durch ihren Loft in die Küche und reisst die paar wenigen Schranktüren auf. Heiligabend – aber ausser zwei Mandarinen und einer Flasche Grand Marnier findet sie nichts Brauchbares. Stella schnappt sich ein Glas und auf dem Weg zum Sofa auch noch die Fernbedienungen ihrer beiden Fernseher.

Die Familienweihnacht bei ihrem Bruder eben war ein totaler Flop. Die junge Frau schlingt eine Wolldecke um sich, zieht die Beine hoch und räkelt sich zurecht. Sie ist davongelaufen, noch vor dem Dessert, aber sie hatte da wirklich nichts mehr verloren.

Beide Bildschirme leuchten. Gebannt schaut Stella zu, wie ein betrunkener Weihnachtsmann versucht, mit Schaufel und Besen seinen im Schnee versunkenen Cadillac freizulegen, während daneben ein Knabenchor alte Weihnachtslieder singt. Die Mischung kommt ihr gelegen, etwas Vertrautes und etwas zum Lachen. «So ...», sagt sie und prostet dem amerikanischen Santa Claus zu, «ich, du ... und diese sympathische Flasche hier ... wir feiern jetzt noch richtig Weihnachten zusammen!»

Stella zappt weiter. Werbung mit Vorzeigefamilien, elegante, warmherzige Menschen ... eine Geburtsabteilung in einem Spital, rosig runzelige Gesichter ... Girls in sternenübersäten Bikinis am Miramar-Strand von Goa ... ein Tierfilm mit sprechenden Katzen … ein ungehobelter Kerl mit Flügeln auf der Ladefläche eines Pick-ups … Stella stellt den Ton lauter. «Hallo Kollege!» Sie hebt ihm ihr Glas entgegen. «Auch abgestürzt …?»

Ein Frösteln überkommt Stella, erst deutet es sich nur als zarte Gänsehaut auf ihren Armen an, doch es beginnt sich auszubreiten, kriecht über ihren Nacken den Hinterkopf hinauf und huscht über ihren Rücken hinunter. Sie muss das Glas auf den Boden stellen und kippt dabei um ein Haar vornüber. Fall. Freier Fall. Sinkflug. Aufprall. – Das erinnert sie erbarmungslos an ihre Schaffenskrise. So etwas will eine Performance-Künstlerin sein? Jetzt klappert sie nur noch mit den Zähnen und bejammert, dass ihr kein Höhenflug mehr gelingen will … Nun plärrt auch noch eine Operndiva älteren Semesters «Jingle Bells». Unerträglich. Stella schaltet beide Fernseher aus. Nun erhellt einzig noch eine Neonröhre ihren Wohn- und Arbeitsraum in seinem ganzen Durcheinander. Das kalte Licht verstärkt Stellas Schauder. Die Stille nimmt ein bedrohliches Ausmass an. Verzweifelt suchen ihre Augen den Raum ab. Das Telefon … ihr Rettungsanker. Richtig … Wozu dieses Meer von elektromagnetischen Wellen über die ganze Welt hin? Sie ist in Wirklichkeit gar nicht allein. Wozu hat man denn Freunde? Doch genau für so ein Liebesdefizit an einem vermasselten Heiligabend. Obwohl … sind da nicht alle mit ihrem eigenen Familienknatsch beschäftigt?

Stella erhebt sich mitsamt ihrer wollenen Umhüllung. Sie schleift sie hinter sich her, als sie das Funktelefon holt. Auf der Pinnwand über der Ladestation leuchtet ein rot umrandetes Herz. Wie ist denn die Visitenkarte der «Dargebotenen Hand» dorthin gelangt? Die hat sie wahrscheinlich aus Jux selbst dort befestigt. Spontan wählt Stella die Kurznummer 143. Die bieten ihre Hand, ihr Ohr an, auch gerade in heiklen Nächten. Also nur zu. Eine sonore Männerstimme meldet sich.

«Oh, ein Mann», haucht Stella, «darauf war ich gar nicht gefasst … Machen da nicht nur Frauen mit?»

«Sie sind in der Überzahl in dieser ehrenamtlichen Tätigkeit, da haben Sie durchaus Recht. Ist es für Sie ein Problem, mit einem Mann zu sprechen?»

«Nein … nein, wirklich nicht … überhaupt nicht. Ich mag Männer … sehr sogar …»

«Aber jetzt sind Sie allein?»

«Stimmt … Sind Sie hellsichtig?»

«Ich nehme an, dass Sie nicht einen anonymen Gesprächspartner anrufen würden, wenn ein bekannter in der Nähe zur Verfügung stünde.»

«Leuchtet mir ein … Fröhliche Weihnachten, übrigens … auch für Sie.»

«Und wie geht es Ihnen mit dieser Weihnacht?»

«Ich bin ein Engel, müssen Sie wissen. Bis jetzt bin ich immer geflogen, mein ganzes Leben lang … Ich habe geleuchtet, beglückt, bezaubert mit meinen Flugkünsten. Aber seit einer Weile ist Sinkflug angesagt …»

«Sind Sie schon gelandet?»

«Möglich.»

«Bruchlandung?»

«So ähnlich.»

«Sind Sie beschädigt?»

«Ach, es geht so … ein bisschen lädiert … aber nichts Ernstes … und einigermassen beschwipst. Merkt man das?»

«Möchten Sie mir erzählen, was passiert ist? So ein Engel kommt doch aus einer ganz anderen Welt und fühlt sich sicher ziemlich fremd auf Erden.»

«Ach nein, reden wir nicht über traurige Dinge … es ist doch Heiligabend.»

«Sitzen Sie bei Kerzenschein zuhause?»

«Kerzen … nein, nur eine grelle Neonröhre schwebt über

dem Chaos meiner Wohnung. Sie grinst hämisch von oben herab.»

«Möchten Sie vielleicht eine Kerze anzünden und dieses freche Licht ausschalten?»

«Wunderbare Idee. Bleiben Sie dran?»

«Gewiss.»

...

«So, jetzt sieht es viel besser aus hier. War ein Glücksfall, dass ich gerade Sie antraf. Sie spüren, was ich brauche ... Sind Sie hier in Bern?»

«Ja.»

«Könnten Sie nicht bei mir vorbeischauen, wenn Sie mit diesem Telefondienst fertig sind?»

«Mein Angebot besteht ausschliesslich aus Zuhören ...»

«Das mit der Kerze war genau das Richtige. Wo vorher dieses grauenhafte Durcheinander war, ist es jetzt einfach nur noch schön dunkel.»

«Das Dunkel ist manchmal tröstlich.»

«Ich mag es nicht, normalerweise. Ich brauchte schon als Kind immer ein Nachtlicht.»

«Aber inzwischen mögen Sie es ein wenig? Wir verändern uns ja. Und unsere Kinderängste wandeln sich.»

«Rufen bei Ihnen nur Leute mit Problemen an?»

«Mehrheitlich ... ja.»

«Ich habe nicht wirklich welche.»

«Und doch haben Sie etwas auf dem Herzen ...»

«War schön, Sie kennengelernt zu haben. Vielen Dank für das romantische Gespräch bei Kerzenschein. Für das nächste Mal stelle ich einen Wein kalt.»

«Schlafen Sie gut in dieser heiligen Nacht. Sie als Engel kennen ja die Botschaft: Fürchtet euch nicht!»

Venedig im Winter

«Lorenz, du bist mir der Liebste von allen!», lacht Rosina und gibt ihrem Enkel, der neben ihrem Lehnstuhl auf dem Hocker sitzt, einen liebevollen Klaps. «Wenn ich diese Musik höre, sind alle meine Altersgebrechen wie weggewischt. Es kribbelt in mir. Ich bin wieder das zwanzigjährige Mädchen von damals. Wie war die Welt wieder offen und aufregend nach dem Krieg! Stell dir vor, Lorenz, ich junge Bergziege zog damals von Kandersteg direkt ins Getümmel der Kulturmetropole Venedig!»

Lorenz ist 1998 zur Welt gekommen, seine Grossmutter Rosina exakt siebzig Jahre früher. Sie ist seit bald zehn Jahren verwitwet und hat sich in ihrer Alterswohnung in Hilterfingen gut eingelebt. Lorenz fährt täglich dort vorbei, ihre Wohnung liegt an seinem Schulweg ins Gymnasium. Einmal in der Woche kommt er seine Oma besuchen. Seit sie im Herbst von ihren Schwiegersöhnen ein iPad geschenkt bekam, ist er ihr persönlicher Tablet-Experte. Keiner kann ihr so geduldig und hilfreich über die Tücken dieser «verrücktesten aller Erfindungen», wie sie zu sagen pflegt, hinweghelfen.

Rosina ist selig. Sie hat Lorenz vor kurzem vorgeschwärmt, von welcher Musik sie in jungen Jahren begeistert war: Sie liebte Frankie Laine und bei Bing Crosby schmolz sie dahin. Auch Doris Day gefiel ihr, obwohl die etwas süsslich sang, aber mit «Zaubernächte in Rio» kam sie 1948 erstmals ins Kino und dann wollten alle Mädchen die gleiche Wellenfrisur haben wie der amerikanische Star. Und dann war da noch Billie Holiday mit ihrer herben Jazzstimme. Lorenz war erstaunt, von seiner Grossmutter zu erfahren, dass jene damals schon Drogenprobleme hatte und sogar im Gefängnis war deswegen. Aber Rosina findet, das habe Billie Holidays Musik keinen Abbruch getan, die sei selbst eine Art Droge gewesen, nach der man süchtig wurde. Lorenz findet die Geschichten seiner Grossmutter spannend. Es hat ihm richtig Spass gemacht, ihre Lieblingstitel von anno dazumal zusammenzutragen und auf ihren Wunsch davon eine CD zu brennen.

Nach dem obligaten Stück Kuchen wird Rosina ungeduldig: «Lorenz, jetzt musst du mir unbedingt noch zeigen, wie ich die Weltkarte da bedienen kann», verlangt sie und deutet auf ihrem Bildschirm auf das kleine Symbol mit dem blauen Planeten. «Google Earth antippen», leitet Lorenz sie an, «und jetzt, wohin soll die Reise gehen?» – «Venezia», kommt es wie aus der Pistole geschossen. Bald gleiten sie zusammen über die Lagunenstadt dahin. Rosina berührt die Foto-Zeichen und betrachtet beglückt all die Kanal- und Brückenbilder, die sich dadurch auftun. Dazwischen streut sie Erinnerungs-Müsterchen von ihrem zweijährigen Aufenthalt damals, als sie im Hotel «Paganelli» ein Praktikum als Rezeptionistin absolvierte und ihr Italienisch vertiefte.

Am Samstag vor Weihnachten läutet es in Oberhofen bei der Familie von Lorenz Sturm. Es ist erst neun Uhr morgens. Vor der Tür stehen die beiden Schwestern seiner Mutter mit ihren Ehemännern. Sie verlangen eine Familienunterredung, die sei dringend nötig und unaufschiebbar. «Mutter muss völlig durchgedreht sein», schimpft Laura und fuchtelt mit der Karte herum, die sie am Morgen im Postfach fand und die Auslöser ist für diese Notfall-Zusammenkunft. Das Getümmel ist gross, bis endlich alle am Esstisch vor einer Tasse Kaffee sitzen. «Rosina geht auf die Neunzig zu. Vielleicht nimmt sie das Motto ‹Venedig sehen und sterben› wörtlich», witzelt Lauras Mann. Er erntet einen entrüsteten Blick seiner Frau: «Mama geht am Stock, muss diverse Medikamente nehmen, ist in den Jahren seit Papas Tod nie allein in der Weltgeschichte herumgereist, und jetzt das. Fährt einfach über Weihnachten mit dem Zug nach Venedig! Von einer ‹Nostalgiefahrt› schreibt sie. Wenn das nur gut geht!» – «Besucht sie jemanden? Sie hat doch aus ihrer Zeit dort nach dem Krieg keine Freunde mehr …», gibt Lorenz' Mutter zu bedenken. «Jedenfalls keine, von denen sie uns erzählt hätte», seufzt Laura. «Und, wer von uns fährt jetzt an die Adria? Irgendjemand muss sie doch holen gehen und zur Besinnung bringen!» – «Wer weiss, ob sie überhaupt heil dort unten angekommen ist. Ein Horror, Venedig im Winter … Ist die Stadt jetzt nicht überschwemmt und eisig kalt?»

Am Tisch herrscht noch immer Bestürzung, als Lorenz mit seinem Tablet zurückkommt. «Ich weiss genau, wo sie ist. Ich bin in alles eingeweiht.» – «Du!?», tönt es wie aus einem Mund, fragend, erstaunt und vorwurfsvoll zugleich. «Angezettelt habt das Ganze ihr drei Männer», er zeigt auf seinen Vater und die beiden Onkel. «Ihr habt Oma zum Geburtstag ein iPad geschenkt. Das hat einen Stein ins Rollen gebracht.» – «Siehst du, es war ein Fehler! Ich habe es dir doch gesagt!», zischt Laura ihren Mann an. – «Na, schiess los, mein Sohn», fordert der Vater Lorenz auf, «jetzt aber im Detail!»

«Oma hat mit der Zeit immer mehr Funktionen auf ihrem Tablet begriffen und genutzt. Als ich ihr auf Spotify die Hits aus ihren jungen Tagen zugänglich machte, bat sie mich, ihr davon eine CD zu brennen. Ganz glücklich und beschwingt hat diese Musik sie gemacht und viele Erinnerungen an ihre tolle Zeit in Venedig geweckt. Dank einer italienischen Suchmaschine hat sie dann ihren alten Schatz von damals ausfindig gemacht, einen bestimmten Sergio. Und dem hat sie diese CD geschickt. Offenbar hatte sie bei ihm eine ähnliche Wirkung wie bei ihr, jedenfalls kam ein ziemlich verliebter Brief zurück. Weil ihr dies alles dann viel zu langsam ging, rief sie ihn an. Oma erfuhr, dass Sergio auch verwitwet ist, bei seinem Sohn in der Altstadt lebt und sogar in dessen Pension immer noch aushilft. Sie mailten sich dann täglich mehrmals hin und her und vor drei Wochen richtete ich auch Skype für sie ein, damit sie direkt miteinander reden und sich anschauen können.» – «Aber», stottert Laura, «kann sie denn noch ausreichend Italienisch?» – «Oh, das lief immer besser», bestätigt Lorenz. «Wollen wir schauen, ob sie schon auf ist?» – «Du meinst …», fragt sein Vater. «Klar, wir rufen sie an.»

Es klingelt einige Male. «Hallo Oma, schon wach und den ersten Ristretto intus?», lacht Lorenz in den Bildschirm. Alle am Tisch zucken wie elektrisiert zusammen, als sie Rosina mit heller Stimme sprudeln hören: «Lorenz, wie schön, dass du an mich denkst. Sergio wird den Kaffee wohl demnächst heraufbringen. Er umsorgt mich wie eine Königin. Du, die Stadt ist ein Traum aus Licht und Glanz. An der Strada Nuova haben wir gestern einen wunderschönen Markt besucht. Und der Markusplatz ist immer noch so weit und prächtig. Es hat erstaunlich viele Touristen. Und die Gondoliere, die arbeiten alle im Weihnachtsmann-Kostüm. Ah, come mi sento allegra e felice!» – «Oma, darf ich dich mit dem Rest der Familie bekanntmachen?» Lorenz lächelt ihr zu, dann wendet er das Tablet so, dass die Kamera den ganzen Tisch erfasst. «Però non e ancora Natale!», tönt es tadelnd aus dem Lautsprecher, dazu lächelt Oma Rosina verschmitzt, «warum feiert ihr denn jetzt schon zusammen?» – «Keine Feier, Krisensitzung!», schreit ihre Tochter Rita, die bisher noch kein einziges Wort gesagt hat, «deinetwegen!» – «Dazu besteht kein Grund. Ich lebe noch. Ich habe es schön. Ich schwelge ein bisschen in alten Gefühlen, das ist alles. Ah, hier kommt Sergio. Schaut, ihm könnt ihr mich voll anvertrauen.» Sie nimmt ihn ins Bild, einen grossen Mann mit kahlem Kopf und meliertem Schnurrbart. «Voi fare conoscienza con tutta la mia famiglia? Celebrano già il Natale, come i bambini, non si può aspettare!» – «Mutter, jetzt aber mal ernst …», Laura nimmt die Zügel wieder in die Hand und fragt streng: «Wann gedenkst du denn zurückzukommen?» – «Ein paar Tage gönne ich mir noch», lächelt Rosina wieder allein in die Kamera, «und ihr mir hoffentlich auch. Buon Natale di cuore a tutti! Ci vediamo nel nuovo anno!» Dann wird der Bildschirm dunkel.

Alle schauen betreten und ungläubig in die Runde, bis Lorenz neckisch in die Stille hinein sagt: «Ich muss mir demnächst eine Freundin zulegen, sonst habe ich 2085 gar keine Affäre, mit der ich meine Familie schocken kann!»

Lust auf mehr Weihnachtsgeschichten?

Basel, Zürich, Ostschweiz und Bern – zu jeder dieser Regionen finden sich Weihnachtsgeschichten von Pfarrerinnen und Pfarrern und anderen in der Kirche Tätigen. Eine Fülle an besinnlichen, skurrilen, überraschenden und anregenden Geschichten zum Vorlesen und selber Lesen.

«Hier muss es sein»
Basler Weihnachtsgeschichten
hg. von Andrea Meng, Luzius Müller
illustriert von Isabelle Christ Wacker

2011, 88 Seiten, Paperback
mit 6 s/w-Illustrationen
ISBN 978-3-290-17612-9

Und der Stern zog vor ihnen her
Zürcher Weihnachtsgeschichten
hg. von Christine Voss
illustriert von Mario Moths

2012, 112 Seiten, Paperback
mit 9 farbigen Illustrationen
ISBN 978-3-290-17650-1

T V Z

Theologischer Verlag Zürich
www.tvz-verlag.ch
tvz@ref.ch

Im Weihnachtswald
Ostschweizer Weihnachtsgeschichten
hg. von Christine Voss
illustriert von Mario Moths

2013, 112 Seiten, Paperback
mit 8 farbigen Illustrationen
ISBN 978-3-290-17727-0

Diese Worte in ihrem Herzen
Berner Weihnachtsgeschichten
hg. von Brigitte Affolter,
Conradin Conzetti
illustriert von Martin Stüdeli

2014, 116 Seiten, Paperback
mit 7 farbigen Illustrationen
ISBN 978-3-290-17769-0